사진과 지도, 도면으로 본
용산기지의 역사 2
(1945~1949)

사진과 지도, 도면으로 본
용산기지의 역사 2(1945~1949)

초판 1쇄 발행 2020년 10월 30일
초판 2쇄 발행 2021년 3월 30일

저　자_신주백·김천수
발행인_윤관백
펴낸곳_도서출판 **선인**

영　업_김현주

등록_제5-77호(1998. 11. 4) / 주 소_서울시 마포구 마포동 324-1 곳마루B/D 1층
전화_02)718-6252/6257 / 팩스_02)718-6253 / E-mail_sunin72@chol.com

정가_32,000원
ISBN 979-11-6068-410-0 94900
ISBN 979-11-6068-286-1 (세트)

사진과 지도, 도면으로 본
용산기지의 역사 2
(1945~1949)

신주백 · 김천수

도서출판 선인

식민과 냉전의 압축 공간 용산병영/용산기지가 우리의 품으로 돌아온다. 1906년 이래 한 세기를 넘겨 돌아올 예정이다. 때 마침 70년 넘게 견고했던 한반도의 분단체제에 변화가 일어날 조짐까지 보이고 있다. 이제 용산병영/용산기지는 우리에게 과거가 아니라 미래를 대표하는 기회의 공간으로 한발씩 다가오고 있다.

'국가공원'으로 변신할 예정인 용산공원은 생태를 복원한 도심 속의 자연치유 공간을 추구한다. 공원화 과정에서 용산기지를 둘러싼 공간의 역사성과 장소성을 회복하여 이곳이 한반도 거주자의 역사치유 공간으로 거듭났으면 한다. 또한 대한민국 수도 서울의 도심 한복판에 있는 그 공간의 역사성과 장소성을 통해 '미래 한반도'의 모습을 상상하고 느낄 수 있게 감성을 충전하는 공간으로 변신했으면 한다. 진정한 역사치유와 회복은 역사 자료와 삶의 기록을 바탕으로 발휘할 수 있는 상상력과 감수성을 통해 지름길을 찾을 수 있다. 이 책을 기획한 이유이다.

　제2권은 제1권(1905~1945)에 이어 1945년 9월 미군의 진주로부터 1949년까지를 다루었다. 용산기지와 그 주변에서 일어난 미군의 움직임을 알 수 있는 사진과 도면, 지도를 선택하여 연도별로 구성하였다. 제2권에서 다루는 시기의 용산기지를 미군은 캠프서빙고라 불렀다. 그들은 이때만 해도 영구기지가 아니라 임시기지로 간주하고 운영하였다.

　독자 여러분은 제2권을 통해 미군의 진주와 일본군의 항복을 중심으로 해방공간의 여러 색다른 모습을 확인할 수 있을 것이며, 캠프서빙고와 신국가를 건설하려는 한국인의 관계 그리고 한국군 창군의 준비 과정에서 용산기지의 역할까지도 새롭게 확인할 수 있을 것이다. 특히 제2권부터는 사진의 뒷면에 기록된 내용을 그대로 번역하여 원문과 함께 수록함으로써 독자 여러분이 각 사진의 역사성을 더욱 잘 이해할 수 있게 하였다. 국내에 공개된 용산기지와 관련한 사진 가운데 그것의 뒷면을 번역하여 공개하는 방식은 한국에서 처음 시도하는 구성으로 김천수 학형의 노력이 컸다.

　제2권은 신주백과 김천수가 2017년 4월과 2018년 4월 미국 메릴랜드에 있는 국립문서보관소(NARA)에 가서 수집한 사진, 도면, 지도를 기본으로 구성하였다. 사진집을 기획하는 과정에서 부족한 자료는 국사편찬위원회의 협조를 얻었다. 첫 번째 미국 조사는 우리 두 사람이 노력한 결과였지만, 두 번째 미국 조사는 한일사료주식회사 차상석 부회장의 전적인 후원이 있어 가능하였다. 이번 사진집 간행에 협조해 준 용산문화원, 국사편찬위원회와 차상석 부회장님께 감사드린다.

　용산기지가 조금씩 더 개방되고 있다. 서울시가 임시 소통 공간으로 운영하는 용산공원 갤러리, 용산문화원이 개발·운영하는 버스투어에 이어, 올해 들어서는 국토교통부 용산공원조성추진기획단에서 미군장교숙소 5단지를 개방하였다. 이번 제2권이 기지에 관한 국민의 체험 기회가 늘어나고 있는 과정에서 개개인과 집단의 감수성에 생명력을 불어넣어 더욱 풍성한 '상상의 날개'를 다는 데 작은 보탬이 되었으면 하는 바람이다.

2020. 8. 22.
신주백 씀.

일본군이 물러가고 들어선 임시기지 캠프서빙고

1945년 8월 15일을 전후한 한반도 상황은 기본적으로 극과 극이었다. 물론 미군과 소련군이 한반도에 진주하여 일본군의 항복을 접수하고 남과 북에서 각각 군정을 실시하기 직전까지의 상황은 매우 다양하였다. 한국인이 분명하게 질서의 주도권을 장악한 한순간도 있었고, 일본군이 다시 장악한 때도 있었으며, 애매한 순간이 지속된 시간도 있었다.

1945년 8월 15일을 전후로 한반도에서 권력의 주체와 역관계가 급속히 바뀌어 가는 시점의 중심에 미군이 있었다. 38도선 이남에 들어온 미군이 가장 먼저 해야 할 일은 일본군의 무장을 해제하고 권력을 접수하여 치안을 확보하는 일이었다. 이어 자신의 이해관계를 중심으로 남한권력을 재편하며 점령정책을 추진하는 일이었다.

미국이 그 일들을 추진하는 뒷배경에는 승리한 연합국이란 전과(戰果)가 있었고, 이를 실현한 군대가 있었다. 서울 용산에 있는 미군기지 캠프서빙고는 그 군대의 지휘부가 있는 곳이고, 미국이 하겠다는 점령정책을 구체화하는 최전방이었다.

이제부터 해방공간에서의 한국현대사를 고려하며 1945년 9월 미군의 진주에서부터 1949년 6월 철수 때까지 용산과 캠프서빙고를 중심으로 그들의 움직임을 살펴보자.

1. 일본 패전 당시 용산기지

일본이 패전하기 직전 일본군 용산기지에서 일어난 큰 변화는 한반도에서의 전쟁 지도부가 개편된 데서 찾을 수 있다. 일본 대본영은 한국주차군 사령부 – 조선주차군 사령부에 이어 1918년 창설한 조선군 사령부를 제17방면군과 조선군관구 사령부로 개편하였다.

조선군관구 사령부는 병참 동원 군수 교육과 관련된 일을 전담하며 전투부대의 활동을 지원하고 한반도 각 지역을 방위하는 임무를 맡았다. 제17방면군은 미군의 한반도 상륙에 대비하여 작전을 맡은 전투부대였다. 이제까지 조선군의 제1임무였던 소련군을 상대하는 작전은 만주국을 전담한 관동군이 맡았다. 그래서 소련과 인접한 함경도지역에서의 작전은 관동군이 전담하였고, 이들에 대해 군수품과 병력 동원 등을 지원하는 임무는 조선군관구 사령부가 맡았다. 따라서 일본군 용산기지는 제17방면군과 조선군관구 사령부가 있어 소련군과 미군을 동시에 상대하는 기지로 변신하였다.

당시 용산기지에는 제78, 79연대처럼 이렇다 할 전투부대가 없었다. 전투부대들의 유수(留守)부대가 있을 뿐이었다. 소련군과의 전쟁에 대비하는 군대는 함경도로, 미군의 한반도 상륙에 대비하는 부대는 제주도와 남서해안에 집중 배치되었기 때문이다. 1945년 8월 15일 당시 용산기지에 있던 일본군 현황을 정리하면 아래와 같다.

부 대 명	예속
제17방면군 사령부	17HA
제20사단 사령부	朝
제20사단 制毒隊	朝
보병 제78, 79연대	朝
제120사단 사령부	17HA
보병 제259, 260연대	17HA
제120사단 포병	17HA
제120사단 공병	17HA
제120사단 통신	17HA
제120사단 치중병	17HA
제320사단 사령부	17HA
보병 제361연대	17HA
제320사단 공병	17HA
조선군관구 사령부	朝
전차 제12연대	朝
고사포 제153연대	朝
박격포 제30대대	朝

제12공병 사령부	朝
독립공병 제125대대	朝
제5철도감부	朝
제2장갑열차	朝
제89특별통신작업대	17HA
大本營 제3통신대의 주력	17HA
獨無제137소대	17HA
조선군헌병대	朝
특별경비대 제455, 456, 457대대	朝
제403, 411특설경비공병대	朝
경성병참부	朝
육군근무대 제210, 213중대	17HA
경성육군병원	朝
부산육군병원	朝
조선포로수용소	朝
경성구치소	朝
경성사관구방역부	朝
조선화물창	朝
경성육군연료부	朝
경성사관구 제독훈련대	朝
경성보병제1, 2보충대	朝
경성포병보충대	朝
경성공병보충대	朝
경성통신보충대	朝
경성치중병보충대	朝
경성지구사령부	朝
제148경비대대	朝

위의 〈표〉에서 알 수 있듯이, 용산기지에 다양한 부대가 늘어났지만, 오히려 전투부대가 주둔하는 기지로서의 형식과 내용은 왜소화되고 지원부대의 주둔지로 기지의 내용이 바뀌어 갔다. 특히 1945년 8월에 가까이 갈수록 그러한 경향은 더욱 농후해 졌다. 가령 제120사단의 핵심 병력은 전라북도 이리와 군산을 중심으로 집중 배치되었다.

제17방면군과 조선군관구 사령관이 소화천황에게 보고한 문건에 따르면, 용산기지에 있는 일본군을 포함해 패전 당시 한반도에 24만여명의 일본군이 있었다. 미국과 소련으로서는 온전하게 군사력을 보유하고 있는 이들의 무장을 평화롭게 해제하고 일본으로 귀환시키는 한편에서 치안을 확보하는 일이 매우 시급한 과제였다.

2. 일본의 패전과 한반도 주둔 일본군

1945년 8월 9일 소련군은 일본과의 전쟁을 선언하고 만주와 한반도로 진격하였다. 한반도로 들어온 소련군은 함경북도 웅기와 나진에서 일본군을 몰아냈고, 8월 13일부터 청진을 차지하기 위해 일본군과 싸웠다. 소련군의 진격에 놀란 조선총독부는 8월 15일 아침 여운형을 만나 일본인의 신변보호와 조선의 치안유지를 요청하였다. 조선건국준비위원회를 결성한 여운형은 조선총독부의 권력을 인수하여 한국인의 새로운 정권을 수립하기 위한 준비를 시작하였다. 조선건국준비위원회는 8월 말까지 전국에 145개의 지부를 조직할 정도로 한국인 대중의 호응을 받았다. 건국치안대 역시 전국 162개소에 지부를 설치하고 치안유지에 노력하였다.

반면에 일본의 지배체제는 급속히 무너지며 한국인사회 구석구석까지 행정력이 미치지 못하였다. 제17방면군와 조선군관구 사령부에 소속된 4만여명의 한국인 병사가 15일부터 부대를 이탈하기 시작했지만 통제할 수 없었다. 심지어 조선에 가족을 둔 일본인 군인도 제대하고 귀가하였다.

일본의 패전과 항복으로 한국인에 대한 장악력이 약해지는 와중에도 조선군관구 사령부는 반전을 모색하였다. 조선군관구 사령부는 20일에 미군 B-24 항공기에서 살포한 삐라를 인용하며 당분간 일본의 군대가 치안을 유지하므로 유언비어를 만들거나 현혹당하지 말라고 대중에게 요구한 일도 있었다. 일본군으로서는 조선의 치안유지와 일본인의 신변보호를 여운형 등에게 전적으로 의존할 필요가 없어진 것이다. 그래서였을까. 조선군관구 사령부는 바로 그 다음 날, 유언비어에 현혹당하지 말고 침착하게 황국신민으로서의 진정한 자세를 유지하여 '조선 신질서에 공헌'하라고 대중에게 요구하는 담화문을 공식 발표하였다. 군인 가운데 일부를 헌병에 임명하고 군인의 경찰이 민간인의 영역에서까지 설치고 다녔던 1910년대의 헌병경찰제를 사실상 부활하였다. 그래서 38도선 이남의 일본 군에게서는 패전한 군대, 전쟁범죄를 저지른 군대라는 인상을 찾을 수 없었다.

일본군은 승전국의 군대 미군에게 협조하기 위해 현상을 유지하는데 초점을 두었다. 해방공간에서 국가를 건설하고 새로운 사회 질서를 만들어가려는 한국인의 능동적 행동은 그들에게 경거망동한 행위일 수밖에 없었다. 그래서 일본군은 미군에게도 한국의 민중이 '맹동(盲動)'하여 살상하고 약탈하였으나 조선군관구 사령부에서 단호히 단속하여 평정을 되찾았다고 왜곡된 치안정황을 보고하였다.

미군과 한국의 민중 사이를 이간질하며 뭔가의 안전판을 확보하려 움직이던 조선총독부와 일본군 지휘부가 더욱 안도의 한숨을 내쉴만한 정세가 조성되어 갔다. 그들은 8월 22일 연합국이 한반도를 분할점령, 달리 말하면 소련군이 38도선 이남까지 내려오지 않는다를 사실을 처음 알았고, 조선총독부는 25일자 경성일보에 이 사실을 공식 보도하였다. 또한 29일에는 도쿄의 연합군최고사령부(GHQ)에 조선의 상황을 보고하였고, 31일에는 제17방면군 사령관이 주한미군의 책임자로 내정된 하지 중장과 직접 교신하였다. 이때부터 미군 제24군단과 일본군 제17방면군 사이에 38도선 이남지역의 전후처리와 관련한 직접 대화가 시작되었다. 반면에 새롭게 열린 정치공간에서 주체적인 노력을 기울이기 시작한 한국인의 움직임은 소외되어 갔다. 결국 1945년 8월 하반기에 이르면, 최소한 38도선 이남에서는 어떤 권력의 주체도 한국인과 일본인을 망라한 집단을 완벽하게 장악하지 못하는 상황이 조성되며 한순간 어정쩡한 정세가 이어졌다.

3. 미군 진주와 38도선 이남에서의 권력 교체

미국은 한반도에서 일본군의 항복을 평화롭게 접수하고 점령정책을 자연스럽게 추진하고자 하였다. 이를 위한 급선무가 일본군의 무장해제와 귀환 조치였다. 미군 선발대는 9월 4일 김포공항에 도착하여 조선호텔에 짐을 풀고 일본측의 도움을 받으며 조선의 정황을 파악하고 미군의 상륙을 준비하였다.

미군은 9월 7일 제17방면군 비행기를 이용하여 38도선 이남의 조선을 자신들이 '점령'하고 '군사적으로 관리'하겠다는 내용을 밝힌 유명한 〈조선 인민에게 고함(To the People of Korea)〉이란 포고문을 전국에 살포하였다. 맥아더 포고령 제1호라고 불리는 포고문을 통해 미군은 한국인의 행정과 치안을 담당하고 있던 조선건국준비위원회를 부인하였다. 6일 밤 급조된 조선인민공화국도 부정하였다. 이제 한반도에서의 권력은 떠나는 일본제국주의에서 점령군이자 해방군으로 들어오는 미군에게로 넘어갔다. 권력교체의 구체적인 시작은 9월 8일 미군이 인천에 상륙하면서였다.

8일 오후 1시 30분부터 시작된 미군의 인천 상륙은 다음 날까지 이어졌다. 제17보병연대가 인천 등지를 담당했다면, 제32, 184보병연대는 9일 아침 기차로 경성을 향하였다. 그날 조선총독부 제1회의실에서 오후 4시 8분에 항복 조인식이 시작되었다. 양측에서 각 3인이 서명하는데 걸린 시간은 총 10분이었다. 38도선 이남에서 일본의 35년 지배가 공식적으로 끝난 것이다.

덧붙이자면, 경성에서의 항복접수식과 별도로 일본군과의 항복접수에 필요한 서명식을 거행한 곳이 제주도였다. 제주도에 있던 일본군 제58군에 대한 항복접수는 9월 28일 25명으로 구성된 항복접수단에 의해 시행되었다. 또한 38도선 이북의 일본군은 세 곳에서 소련군에 항복하였다. 즉, 8·15 이후에도 계속 싸웠던 나남사관구 사령부는 전투를 중지하고 바로 다음 날인 8월 19일 나남에서 소련군 사단장과 정전협정을 체결하였다. 또 제34군 사령관은 8월 21일 중국의 연길(延吉)로 가서 소련 제25군 참모장과, 평양사관구 사령관은 8월 26일 평양에서 소련군 라콘 중좌와 이를 체결하였다.

아무튼 38도선 이남에서 권력의 교체를 상징하는 첫 세레모니는 항복조인식이 끝난 직후인 9일 오후 4시 35분 조선총독부 청사 앞마당에서 열린 국기 하강식이었다. 일장기가 내려오고 대신에 성조기가 올라갔다. 태극기가 게양되지 않은 것이다.

더글러스 맥아더 연합군총사령관은 점령군의 입장에서 포고령을 내렸지만, 인천과 경성 시민은 크게 기뻐하는 데 주저하지 않고 열렬하게 미군을 환영함으로써 그들을 해방군으로 응대하였다. 비록 인천에 상륙한 미군을 환영하다 일본경찰의 총에 두 사람이 사망하는 불상사도 있었지만, 인천 시민은 7일에 뿌린 전단을 통해 "진심어린 환희와 북받치는 존경의 마음으로" 미군 병사를 환대하였다.

미군은 항복조인식이 거행된 9일에 경성 시민이 극도로 열광적이지만 질서 있게 호응한 거리를 행진하는 행사를 벌였으며, 동시에 9일 오후 8시부터 통행금지를 실시하여 시내 치안을 확보하였다. 12일에도 가두행진에 대규모로 참가한 서울시민은 매우 질서정연하게 미군을 환영하고 해방의 기쁨을 누렸다. 10월 20일에도 미군을 공식적으로 환영하는 대규모 행사를 열었다.

4. 점령정책의 실시와 캠프서빙고의 설치

한국인의 열렬한 환영 속에 미군이 가장 먼저 조치한 전후처리는 포로석방과 송환이었다. 조선호텔에 짐을 푼 선발대는 6일 밤에 영국군 포로를 면담하고 7일에 인천의 연합군 포로수용소를 방문하였다. 8일부터 이들의 귀국 조치를 시작한 미군은 소련군 포로 9명을 제외하고 인천, 경성, 함흥의 수용소에 있던 680명의 포로를 9월 22일까지 모두 석방하였다. 반면에 전쟁포로를 대우하지 않고 범죄를 저지른 일본군 15명을 선별하였고, 그들을 재판하고자 1946년 5월 일본으로 송환하였다.

미군은 항복조인식과 동시에 통치권을 장악하고, 일본군 지휘부인 제17방면군 사령부에 용산을 떠나 남쪽으로 즉각 이동하도록 지시하였다. 제24군단을 이끄는 하지 장군은 미군이 인천에 상륙하기 이전에 경성과 인천 지역에서 일본군이 물러나도록 요구할 정도였다. 이에 제17방면군 사령부는 경성에 경성연락부를 두고 9월 10일 대전으로 이전하였다(경성연락부는 14일 용산 후암동 미사카호텔로 이전). 미군은 그날 반도호텔에 제24군단 사령부를, 용산기지의 제17방면군 사령부 청사에 제7사단 사령부를 즉각 설치하였다. 그리고 일본군 용산기지에 캠프서빙고(Camp Seobinggo)라는 이름을 붙였다.

미군은 영관급 이상 간부들의 숙소를 조선호텔에, 위관급 장교들의 숙소를 반도호텔에 두었다. 경성 시내에 진입한 제7사단의 제32, 184보병연대는 3개의 학교를 빌려 임시로 주둔하며 10일까지 시내의 치안을 순조롭게 장악하여 경성 점령을 완료하였다. 이후 두 보병연대는 일본군 제78, 79보병연대가 있던 병영에 각각 본부를 설치하였다. 제184보병연대는 1946년 1월 19일 제31보병연대로 이름을 바꾸었다.

경성 시내를 평화롭게 점령하는데 별다른 난관을 만나지 않은 미군은 지휘부를 설치하자 곧바로 세 가지 방향에서 즉각적인 점령조치를 취하였다.

하나는, 조선에서 점령정책을 추진할 군정기관을 설치하였다.

미군은 9월 11일 오후 2시 40분 조선총독부 제2회의실에서 재조선미육군사령부군정청(United States Army Military Government in Korea, USAMGIK), 약칭 미군정청을 발족하였다. 초대 군정장관에 아치볼드 V. 아널드 미육군 소장이 임명되었다.

경성에 군지휘부와 군정기관을 설치한 미국은 조선총독을 비롯해 일본인 관료와 군인의 협조를 받아 일시적이지만 행정 업무를 수행하고 질서 있게 통치권을 인수받으려 하였다. 이에 한국인은 당혹스러워했고 미군에 실망하였으며 불만을 표출하였다. 미군정으로서는 애초 구상했던 정책 구현방식의 일부를 뒤집을 수밖에 없었다. 12일에 아베 조선총독과 경무책임자를 해임하고, 14일에 엔도 정무총감과 총독부의 일본인 국장들을 해임하였다. 16일에는 총독의 고문이란 딱지를 갖고 있던 조선인 5명도 해임하였다. 일본인을

통치체계에서 배제한 것이다.

미군은 제7사단을 동원하여 한반도의 중심 서울과 인천을 평화적으로 점령한 이래 점차 지방으로 점령지를 확장해 갔다. 9월 11일 제32보병연대의 한 개 중대가 트럭으로 개성까지 도착하여 소련군과 접촉하였다. 소련군은 8월 29일 개성에 와서 9월 8일까지 머물렀는데, 이후 철수했다 11일에 다시 개성에 와서 약탈행위를 멈추지 않았다. 이에 미군은 12일에 개성 북부에 검문소를 설치하고 소련군의 움직임을 통제하였다. 이때부터 38도선의 검문소 운영과 경계는 제32보병연대가 맡았다. 15일에 제32보병연대와 소련군은 직접 연락할 수 있는 유선통신을 개설하였다. 같은 날 제184보병연대의 한 개 중대가 부산으로 출발하였다. 항만 시설을 조사하는 한편, 23일 부산에 도착할 제40보병사단의 숙소 등을 마련하기 위해서였다. 9월 16일에는 제32보병연대의 일부 병력이 춘천에 도착하였다.

5. 일본군의 무장해제와 탈군사화

미군은 점령지역을 확대해 가는 동시에 일본군을 무장해제하고 탈군사화하는 조치를 취하며 그들을 일본으로 귀환하는 정책을 민간 일본인보다 우선하여 추진하였다. 그 첫 조치가, 항복조인식과 동시에 제17방면군 사령부를 대전으로 이동시켰고, 그날부터 일본군의 무장해제와 탈군사화를 추진한 점령정책이었다.

미군정은 연합국최고사령부의 방침에 따라 일본군의 무기를 회수하여 파괴할 계획이었다. 이에 따라 일본군은 평소 무장의 10%정도만을 허락받았다. 나머지 무기를 대전, 대구, 광주, 군산의 지정된 장소에 모아두어야 했다. 대전의 조병창에 있던 무기도 그대로 놔두고 떠나야 했다. 군대가 사용하는 말은 대전, 대구, 광주, 군산, 천안, 이리, 정읍에 모아두어야 했다.

미군은 일본군의 조선 잔류 자체를 평화와 안정을 유지하는데 가장 큰 장애물로 간주하였다. 그래서 일본군을 최대한 빨리 민간인보다 먼저 본국으로 보내려 하였다. 이들이 도착할 일본의 항구는 모지(門司)와 하카다(博多)였다. 다만, 헌병대와 포로수용소 감시병은 다른 일본군처럼 곧장 송환하지 않았다.

미군은 9월 25일 하루 송환 규모를 4천여명으로 결정하고, 우선 부산에 주둔한 부대를 27일부터 송환하였다. 진해의 일본 해군 병력과 환자도 우선 송환 대상자였다. 심지어 조선에 거주하여 전역한 1만9천여 명에 달하는 일본군도 다시 소집하여 그들의 가족도 함께 귀국 조치하였다. 38도선 이남에 있던 일본 해군은 진해를 통해, 육군은 인천을 통해 2만 명의 병력이 귀환한 경우를 제외하면, 육군은 부산항을 통해 12월 말까지 귀국하였다. 대전으로 옮겨 갔던 일본군 지휘부는 11월 20일 일본으로 돌아갔다. 이를 합치면 모두 17만 6천여 명이었다.

귀국하는 병사는 부산에서 모든 무기를 반납해야 하였다. 장교의 군도도 인정하지 않았다. 병사는 1인당 200엔의 현금을 소지할 수 있었으며, 그 화폐가 조선은행권인 경우 일본은행권으로 교환할 수 있었다. 개인 의류나 소지품은 가지고 귀국할 수 있었으나, 작은 량의 개인 장신구를 제외한 금과 은, 보석류와 증권증서는 압류 대상이었다. 장교와 장성도 마찬가지 규제를 받았지만, 병사에 비해 장교는 한 개, 장성은 두 개의 짐꾸러미를 더 가지고 갈 수 있었다. 각 부대는 10일 치의 식량과 의약품, 그리고 부대의 문서, 소형 운송수단을 가지고 갈 수 있었다.

38도선 이남에서 일본군의 철수는 대부분의 병력이 시베리아로 이송되어 강제노동에 시달렸던 이북지역의 일본군과 크게 달랐다. 일본군 자체가 포로수용소에 수감되는 포로 대접을 받지 않았다. 제24군단으로서는 그 많은 일본군을 포로수용소에 수용하여 감당할 수 없었다. 오히려 최대한 빨리 일본 본국으로 보내고 조선의 치안을 장악하는 쪽이 더 유리했기 때문이다. 그러다 보니 미군은 일본군 부대 편제를 해체하지 않은 채 귀환 절차를 진행하였다.

6. 캠프서빙고의 부대와 시설물

한반도에 먼저 진주한 제7보병사단이 서울과 경기도, 강원도, 충청도 일대로 점령지역을 확대하고 있던 그때 한반도에 도착한 제40보병사단은 9월 23일부터 인천을 거쳐 부산에 도착하였다. 이후 경상남북도를 최대한 빨리 점령하여 일본군의 무장을 해체하고 지방정부를 수립하는 과제를 수행해 갔다. 제6보병사단도 10월까지 전라도 일대를 점령하고 군정을 실시하였다.

제7보병사단은 캠프서빙고에 사령부를 설치하였고, 사단의 핵심 부대인 제31, 32보병연대의 본부도 그곳에 설치하였다. 여러 특수부대도 자리를 잡았다. 사단사령부 이외에 본부중대, 사단 헌병소대, 사단 밴드, 사단 특별부대, 의료대대, 병참중대, 통신중대, 제7CIC파견대, 제93폭탄처리보급반(Ordnance Bomb Disposal Squad), 제713탱크대대(Tank Battalion), 제601말라리아조사부대(Malaria Survey Unit), 제3233통신서비스파견대(Signal Service Detachment), 제779대공포대대(Antiairorcraft Artillery Automatic Weapons Battalion), 제301인텔리전스서비스조직(Intelligence Service Detachment) 등이 자리를 잡았다. 제40군정 부대도 배치되었다. 1947년에도 제707병기중대(Ordnance Company), 제7병참대(Quartermaster Company), 제7기계화기병정찰대(Mechanized Cavalry Reconnaissance Troop), 제7통신대 등이 있었다.

미군은 이들 부대가 머무를 땅과 건물을 새롭게 조성하지 않았다. 용산 뿐만 아니라 일본군 주요 부대가 머물렀던 인천, 대구, 대전, 부산, 이리 등지에서도 미찬가지였다. 미군은 거의 대부분 일본군이 사용했던 공간과 그곳에 지어진 건축물을 재활용하는 방식이었다. 물론 1947년 3월 25일 제31보병연대의 자동차공장에서 화재가 발행하여 일본식 목조 건물이 전소되자 이듬 해 신축한 경우도 있었다. 아예 신축한 경우도 있었다. 1946년 10월 제32보병연대 본부가 있던 곳에 1천명 규모의 세탁실을 건축하였고, A, B, C유형의 주거용 퀸셋 수십 동을 1946, 47년에 건축하였다. 1947년에 새로 주둔한 부대의 부지와 숙소도 건축하였다.

　기지에는 군사시설 이외에 일상 생활을 이어갈 수 있는 시설도 들어섰다. 가족과 함께 거주할 수 있는 집, 독신 장교용 숙소, 모래시계클럽과 극장, 약국, 예배당 등이 그러한 시설이었다. 또한 군인과 미군정 직원의 자녀를 위한 학교가 1946년 11월 3일 기지에서 문을 열었다. 초등과와 중등과에 만6세부터 18세까지 161명의 어린이와 청소년이 재학하였다.

　캠프서빙고에 주둔한 제7보병사단 사령부, 제31, 32보병연대 본부의 건물을 중심으로 형성된 기지의 중심 공간은 일본군 시절과 같았다. 일본군이 건설한 남북축과 동서축의 중심 도로를 변형하지도 않았다. 그런 가운데서도 미군은 일본군과 달리 기지를 폐쇄적으로 운영하였다. 일본군의 입장에서는 식민지 조선이 자신의 땅이었고 조선의 치안이 안정된 현실에서 굳이 기지의 경계부에 담장을 설치할 이유가 없었다. 하지만 미군은 달랐다. 남한사회 내에서 좌우갈등이 깊어졌고, 38도선은 항복 접수의 경계선에서 분단선으로서의 성격이 갈수록 분명해 졌기 때문이다.

7. 캠프서빙고와 한국현대사

　캠프서빙고에서 미군이 자리를 잡아 가고 있을 때인 1945년 12월 16일 모스크바에서 미국, 영국, 소련의 외상이 만나 한반도문제를 해결하여 독립국가를 수립하는 방안에 대해 합의하였다. 우리에게 흔히 알려져 있는 모스크바3국외상회의가 열린 것이다. 3국의 외상은 미국과 소련이 공동위원회를 만들고, 한국인이 임시적 조선민주정부를 수립하여 5년 이내에 독립을 준비할 수 있도록 '후원'하기로 합의하였다.

　모스크바3국외상회의에서 합의한 대로 남북한에서 군정을 담당하고 있던 미국과 소련은 1946년 1월 16일 덕수궁에서 열린 예비회담을 시작으로 3월 20일에서 5월 6일까지 제1차 미소공동위원회를 열었다. 일본군이 사용했던 장교 숙사는 이때 소련측 관계자들의

숙소로 이용된 때도 있었다. 또한 미국과 소련은 1947년 5월 21일부터 10월 18일 사이에
도 제2차 미소공동위원회를 열어 한반도문제를 해결해 보려 하였다. 하지만 양측은 합의
점을 찾지 못하고 위원회를 해산하였다. 이후 미국은 한반도에서 통일된 민족국가를 수립
하는 문제를 유엔으로 이관하였다. 1947년 11월 유엔총회는 본회의를 열어 미군과 소련
군이 한반도에서 동시에 철수해야 한다고 결의하였다.

한반도에 정식 국가가 들어서면 미군과 소련군이 철수해야 한다는 사실은 명확하였
다. 이미 1947년 4월 육군장관이 미군의 조기철군을 요청한 데서 알 수 있듯이, 워싱턴
D.C.의 미군 지휘부는 남한에서 군대를 철수하는 방향으로 움직였다. 1948년 4월 미국의
국가안보회의(NSC)는 한국에 대한 정책방향을 결정하며 한반도에서 주한미군을 철수하
는 선택을 공식 정책으로 결정하였다. 동시에 5만명 규모의 국방경비대, 해안경비대, 경
찰병력을 육성하고 그들이 사용할 수 있는 무기를 제공하는 한편에서 주한미군을 철수하
기로 결정하였다.

1948년 8월 15일 한국인은 대한민국정부를 수립하였다. 동시에 미군정이 공식 폐지되
었다. 주한미군은 사령부 산하에 민사처를 두고 한국정부를 상대하였다. 양측은 행정 및
군사 등과 관련한 이양문제를 협의하고자 8월 16일 첫 회의를 열었다. 그리고 24일에 한
미과도군사협정을 체결하였고, 9월 11일 한미 재정 및 재산을 이양하는 문제에 관한 협정
도 체결하였다. 이에 따라 제7보병사단이 캠프서빙고와 용산 일대에서 사용하던 주택과
부지를 비롯해 시내에 있는 미군 소유의 부동산을 무상으로 제공받았다. 용산기지의 유지
비는 한국정부가 모두 부담하기로 결정하였다.

신생국 한국의 군대를 육성하고 치안력을 확보하기 위한 기획 작업은 8월 15일 창설된
임시군사고문단(PMAG)가 맡았다. 1948년 10월 '여순사건'을 계기로 임시군사고문단은
1947년 제2차 미소공동위원회가 결렬될 즈음부터 주의 깊게 추진하던 한국군 내부의 좌
익세력을 색출하는 움직임을 더욱 철저히 실시하였다. 다른 한편에서 임시군사고문단은

소대, 중대, 대대 단위의 군사훈련을 기획하는 한편, 1948년 11월까지 국방경비대가 소지한 소총의 80%, 105mm M3 곡사포 52문, 37mm대전차포 모두를 지원하였다. 캠프서빙고에서는 이들 대포를 사용할 한국군 포병을 훈련시키고 통신병의 실습 교육도 실행하였다.

1948년 12월 제헌국회에서 국방조직법이 통과됨에 따라 한국군은 육군과 해군 조직을 구성하였다. 1949년 3월 현재 육군 6만5천명, 해안경비대 4천명, 경찰 4만5천명 모두 11만 4천명의 한국인 무장병력이 있었는데, 임시군사고문단은 그때까지 5만명 규모의 보병 무기와 장비를 이양하였다. 한국의 군대와 경찰에게 부족한 무기는 일본군이 사용한 장비로 대체하였다.

미국 육군부는 1949년 4월 29일 주한미군을 6월 30일까지 완전히 철수하기로 결정하였다. 이에 따라 6월 29일 1,500여 명의 미군이 인천항을 출발하면서 미군의 철수는 완료되었다. 7월 1일 일반명칭 제8668부대인 주한미군사고문단(KMAG)이 용산에 설치되었다. 주한미군사고문단은 한국군의 지휘부인 육군본부와 함께 과거 제17방면군 사령부 그리고 미군 제7보병사단 사령부가 사용한 청사를 함께 사용하였다.

1949년 10월 19일 현재 472명의 KMAG 인원이 근무하였다. 미군은 이들을 위해 용산기지의 건물 가운데 110개 동에 보건소, 교회, 장교 및 사병클럽, 병영 등을 두었다. 110개 동 가운데 기혼자 가족이 96개 동을 이용하였다.

제 I 부

미군의 진주와
한국인

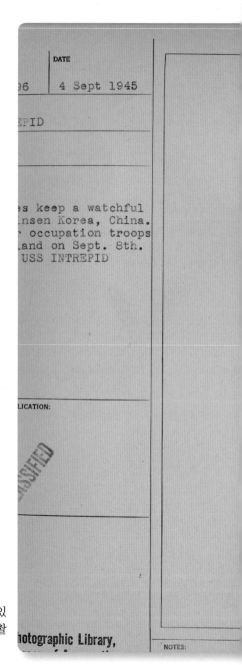

DATE

96 | 4 Sept 1945

EPID

es keep a watchful
insen Korea, China.
occupation troops
and on Sept. 8th.
USS INTREPID

LICATION:

hotographic Library,

NOTES:

CV-11 # 2096_354090

인천 상공을 정찰 중인 미해군기 편대

TBM 정찰기가 9월 8일 점령군이 상륙 예정인 한국 인천을 주시하고 있다. 항공모함 인트레피드USS INTREPID (CV-11) 소속 정찰기에서 촬영.(1945. 9. 4 촬영, 국사편찬위원회 소장)

NAVAER- 452

사진과 지도, 도면으로 본
용산기지의 역사 2(1945~1949)

26

SC 212006
Men of the 17th Inf., 7th Div., come ashore at
Jensin, Korea, as first troops of occupation.
9/8/45

Signal Corps Photo #SPS-45-4729 (T/3 Garland
A. Faircloth), from 1st Inf. & Hist. Svc.,
released by BPR 10/11/45.
orig. neg.   Lot 32448   wsb

SC 212006

인천 해안으로 들어오고 있는 미 제7보병사단 장병들

최초의 점령군으로서 미군 제7보병사단 17보병연대 장병들이 한국 인천 해안으로 들어오고 있다. (1945. 9. 8 촬영)

*해제: 제17보병연대는 인천지구를 점령하고 관리하였다.

aps-4697

12448

PHOTO: RAMSIER
1ST INF & HIST SERVICE

TWO KOREAN CIVILIANS WERE VICTIMS OF JAP FIRE IN A
SKIRMISH BETWEEN NATIVES & JAP/ SOLDIERS SHORTLY
BEFORE THE ARRIVAL OF AMERICAN FORCES IN INCHON,
KOREA.

Casualties - Korean

RELEASED FOR PUBLICATION
BUREAU OF PUBLIC RELATIONS
WAR DEPARTMENT, WASHINGTON

SC-211998

3 1 OCT 1945

#SC 211998

일본군 발포로 숨진 희생자를 옮기는 모습

미군이 인천에 도착하기 직전 일본군과 한국인의 충돌 과정에서 한국 민간인 두 명이 일본
군 발포로 희생되었다. (촬영일자 미상)

　*해제: 영문에는 일본군(JAP SOLDIERS)이라 나오는데 한국인에게 발포해 사망에 이르게 한 이들은
일본군이 미군의 무장해제에 대비해 조직한 특별경찰대였다. 사진에는 촬영 일자가 나오지 않지만, 사
건이 발생한 날은 1945년 9월 8일이었다.

aps-45-4703

12448

PHOTOG: RAMSIER
1ST INF & HIST SVC

CHINESE RESIDENTS OF INCHON, KOREA, WELCOMED THE
AMERICAN OCCUPATION FORCES WITH HUGE SIGNS, FLAGS
AND BANNERS. YANK TROOPS WERE THRILLED BY THIS DIS-
PLAY SUCH AS THIS ONE IN FRONT OF A CHINESE STORE.
KOREA -

RELEASED FOR PUBLICATION
BUREAU OF PUBLIC RELATIONS
WAR DEPARTMENT, WASHINGTON

China-People

SC-211999   31 OCT 1945

#SC 211999

미군을 환영하는 인천 화교들

한국 인천의 화교들은 거대한 깃발과 피켓, 그리고 현수막을 들고 미 점령군을 환영했다. 미군은 화교 가게 앞에 펼쳐진 이러한 것들에 매우 놀랐다.

* 해제: 미군을 환영했던 사람은 당시 인천 내항 앞에 형성되어 있던 차이나타운의 화교들이다.

aps-45-4706

12448

PHOTOG: RANSIER
1ST INF & HIST SVC

IN FRONT OF CHINESE CONSULATE AT INCHON, KOREA,
ON OCCASION OF ARRIVAL OF AMERICAN TROOPS IN THAT
SEAPORT CITY.
KOREA -

(Flags - Chinese)

RELEASED FOR PUBLICATION
BUREAU OF PUBLIC RELATIONS
WAR DEPARTMENT, WASHINGTON

31 OCT 1945

SC-212000

2

#SC 212000
인천 중국영사관 앞에 모인 화교(華僑)들
미군이 항구 도시에 도착하는 때를 맞아 인천 주재 중국영사관 앞(촬영일자 미상)
*해제 : 여기서 항구 도시는 인천을 말한다.

34

#SC 211952

인천 부두에 상륙하는 미군 제7보병사단 장병들을 바라보며 보초를 서고 있는 일본군

일본의 오랜 점령 후에 한국은 미군 제7보병사단 32연대에 의해 해방되었다. 서울의 경찰관들은 해방자들이 상륙한 부두 쪽을 바라보며 거리에서 보초를 서고 있다. (1945. 9. 10 촬영)

*해제: 미군측이 말하는 '서울의 경찰관'이란 일본군 헌병경찰을 말한다.

NUMBER | DATE
CV-11#2097 | 4 Sept 1945

TAKEN BY:
USS INTREPID

LOCATION:

SUBJECT:
TBM planes of CVG#10
patrolling Keijo, Korea,
China. Where the occupation
troops were to land on 8,
Sept. 1945.

RELEASED FOR PUBLICATION:

UNCLASSIFIED

DATE:

ISSUED TO: /

Return to: Photographic Library,
Bureau of Aeronautics

CV-11 #2097_354091

서울 용산기지 일대를 비행 중인 미군 정찰기

1945년 9월 8일 미군이 진주 예정인 케이조 상공을 비행하는 제10항모비
행전대 TBM 정찰기. 항공모함 인트레피드USS INTREPID (CV-11) 소속
정찰기에서 촬영.(1945. 9. 4 촬영)

*해제: 사진 중앙에 남북으로 길게 뻗은 도로는 오늘날의 한강대로이며, 큰 도로의
오른쪽이 일본군 용산기지이다.

354091 NEG

NAVAER- 452

16—10585-3   U. S. GOVERNMENT PRINTING OFFICE

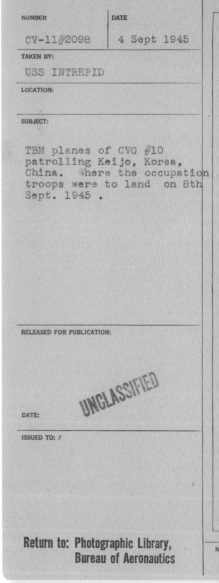

NUMBER | DATE

CV-11#2098 | 4 Sept 1945

TAKEN BY:

USS INTREPID

LOCATION:

SUBJECT:

TBM planes of CVG #10
patrolling Keijo, Korea,
China. Where the occupation
troops were to land on 8th
Sept. 1945 .

RELEASED FOR PUBLICATION:

UNCLASSIFIED

DATE:

ISSUED TO: /

Return to: Photographic Library,
Bureau of Aeronautics

CV-11 #2098_354092

서울 용산기지 일대를 비행 중인 미군 정찰기

1945년 9월 8일 미군이 진주 예정인 케이조 상공을 비행하는 제10항모비행전대 TBM 정찰기. 항공모함 인트레피드USS INTREPID (CV-11) 소속 정찰기에서 촬영.(1945. 9. 4 촬영)

*해제: 사진 중앙에 남북으로 쭉 뻗은 도로는 일본군 용산기지를 크게 좌우로 구분할 수 있는 핵심 길이며, 주한미군은 현재 미8군로라고 부르고 있다. 사진 하단의 병영은 일본군 제78보병연대(오른쪽), 제79보병연대(왼쪽) 주둔지이다.

854092 NEG

NAVAER- 452

16—10585-3   U. S. GOVERNMENT PRINTING OFFICE

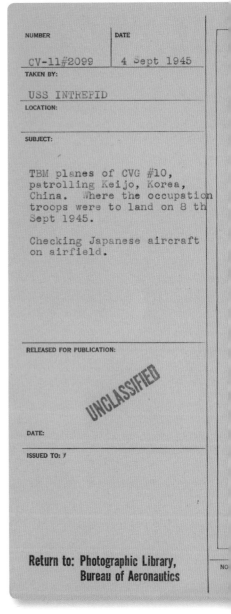

NUMBER | DATE

CV-11#2099 | 4 Sept 1945

TAKEN BY:

USS INTREPID

LOCATION:

SUBJECT:

TBM planes of CVG #10,
patrolling Keijo, Korea,
China. Where the occupation
troops were to land on 8 th
Sept 1945.

Checking Japanese aircraft
on airfield.

RELEASED FOR PUBLICATION:

UNCLASSIFIED

DATE:

ISSUED TO: /

**Return to: Photographic Library,
Bureau of Aeronautics**

NO

CV-11 #2099_354093

여의도 일대를 비행 중인 미군 정찰기

1945년 9월 8일 미군이 진주 예정인 케이조 상공을 비행하는 제10항모비
행전대 TBM 정찰기. 비행장에 있는 일본군 비행기들을 확인하고 있다. 항
공모함 인트레피드[USS INTREPID (CV-11)] 소속 정찰기에서 촬영.
(1945. 9. 4 촬영)

*해제: 사진 왼쪽의 X자 모양의 도로는 여의도 비행장 활주로이다.

NAVAER- 452

16—10585-3   U. S. GOVERNMENT PRINTING OFFICE

U.S. NAVY N

NPC-87(3-48)(Rep.)

8SEPT1945

T:

N

KEIJO(SEOUL)
TAKEN BY USS
AM (CV-36)

SEOUL)KOREA

PHER:

Y(UNIT)
TIETAM

951

CATION:
CTED

NOTES:

CV-36 #951_416780

하늘에서 본 여의도 일대 전경

하늘에서의 한국 케이조(서울). 미 해군 항공모함 Antietam함(CV-36) 소속 비행기에서 촬영.(1945. 9. 8 촬영, 국사편찬위원회 소장)

*해제: 사진 중앙의 큰 섬처럼 보이는 곳이 여의도 비행장 활주로이고, 아래 쪽의 다리는 한강철교이며, 그 오른쪽으로 용산역과 철도 정비창 부지가 보인다.

780 COPY NEG

CV-36 #938_416796
하늘에서 본 조선총독부 전경
하늘에서의 한국 케이조(서울). 미 해군 항공모함 Antietam함(CV-36) 소속 비행기에서 촬영.(1945. 9. 9 촬영, 국사편찬위원회 소장)

DATE

3 | 9 Sept. 1945

NZIO
L. Gibson, AOM3/c

ea-Alt, 1000'
Taken by plane
SS ANZIO (CVE57)

oad at Keijo. Note
ing into city.

ATION:

ENTIAL

ographic Library,

NOTES:

CVE-57 #663_344714

하늘에서 본 서울역 일대 전경
케이조 간선철도. 시내로 들어오고 있는 병력(미군)을 주목해라.(1945. 9. 9
촬영, 국사편찬위원회 소장)

46

S44714 NEG

NAVAER- 452

16—10585-3   U. S. GOVERNMENT PRINTING OFFICE

DATE

59 | 9 Sept. 1945

NZIO
.L. Gipson, AoM3/c

es-Alt, 1000'
Taken by plane
SS ANZIO (CVE57)

yards.

.ICATION:

DENTIAL.

otographic Library,

NOTES:

CVE-57 #659_344710

하늘에서 본 용산역 일대 전경
한국 서울. 고도 1000피트(약 305M). 미 해군 호위항공모함 Anzio함(CVE-57) 소속 비행기에서 촬영. 철도역(1945. 9. 9 촬영, 국사편찬위원회 소장)

344710 NEG

NAVAER- 452

DATE
9 Sept 1945

ANZIO
.L. Gibson AOM3/c

main highway bridge
ay from Keijo,
1000' ft. F.L.
en by plane from
(CVE-57).

LICATION:

IDENTIAL

tographic Library,

NOTES:

CVE-57 #661_344712

하늘에서 본 한강 다리 전경

한국 케이조 상공에서 멀리 바라본 간선 도로 다리의 중앙. 고도 1000피트(약 305M). 미 해군 호위항공모함 Anzio함(CVE-57) 소속 비행기에서 촬영.(1945. 9. 9 촬영, 국사편찬위원회 소장)

* 해제: 오늘날 노들섬 한강대교 일대이며 사진 좌측 위로 보이는 다리는 한강 철교이다.

344712 NEG

NAVAER- 452

16—10585-3   U. S. GOVERNMENT PRINTING OFFICE

제 2 장

서울에 진주한 미군과 환영하는 한국인

SC 210980-S
Koreans cheer the U. S. Seventh Infantry Division
troops marching through Seoul, Korea, for formal
occupation of the city. 1945

Infantry - 7th Div 5 OCT 1945

RELEASED FOR PUBLICATION
BUREAU OF PUBLIC RELATIONS
WAR DEPARTMENT, WASHINGTON

#SC 210980-S

조선총독부 앞을 행진하는 미군과 환영하는 한국인

한국인이 서울을 정식으로 점령하기 위해 진주하는 미군 제7보병사단 장병을 환영하고 있다.

(1945. 9. 8 촬영)

*해제: 촬영 일자는 1945로 나와 있지만 1945년 9월 8일에 촬영한 것이다.

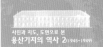

12448
DATE: 9 SEPT 1945
SUBJECT: JAPANESE FORMAL SURRENDER TO THE ALLIES
            AT THE KEIJO CAPITOL — KOREA.
PHOTOG: T/3 GARLAND R FAIRCLOTH
CREDIT TO: 1ST INF & HIST SVC

- - - AMERICAN FLAG FLYING IN FRONT OF THE
CAPITOL AFTER THE DOCUMENT OF SURRENDER HAS BEEN
SIGNED BY JAPS
KOREA

RELEASED FOR PUBLICATION
BUREAU OF PUBLIC RELATIONS
WAR DEPARTMENT, WASHINGTON

SC-212014   31 OCT 1945

SC 212014

서울역 앞의 미군 장갑차와 환호하는 사람들
주제: 일본이 케이조 중앙청에서 연합국에 공식 항복(한국)
항복식 조인 후 중앙청 앞에서 나부끼는 성조기(1945. 9. 9 촬영)
* 해제: 캡션에는 '중앙청(CAPITOL)'로 표현돼 있지만 실제는 서울역 앞이다.

'12448

DATE: 9 SEPT 45
SUBJECT: AMERICAN OCCUPANCY OF KOREA.
PHOTOG - T/3 GARLAND R FAIRCLOTH
CREDIT - 1ST INF & HIST. SVC.

GRAND STREET PARADE FROM THE RY STATION TO THE
KOREAN CAPITAL, WITH THOUSANDS OF CHEERING KOREANS.

Korea - People

RELEASED FOR PUBLICATION
BUREAU OF PUBLIC RELATIONS
WAR DEPARTMENT, WASHINGTON

3 1 OCT 1945

SC-212018

#SC 212018

미군을 환영하기 위해 역 플랫폼에 모인 한국인
주제: 미국의 한국 점령
수천 명의 환호하는 한국인과 함께 철도(RY)역에서 한국의 중앙청까지 대규모 거리 행진을
하고 있다.(1945. 9. 9 촬영)
*해제: 나무기둥에 '전보취급역(電報取扱驛)'이라고 쓰여 있는데 서울역으로 추정된다.

SC 212019
트럭 위에서 태극기와 성조기를 흔들며 환호하고 있는 한국인
수천 명의 환호하는 한국인과 함께 철도(RR)역에서 한국의 중앙청까지 대규모 거리 행진을
하고 있다.(1945. 9. 9 촬영)

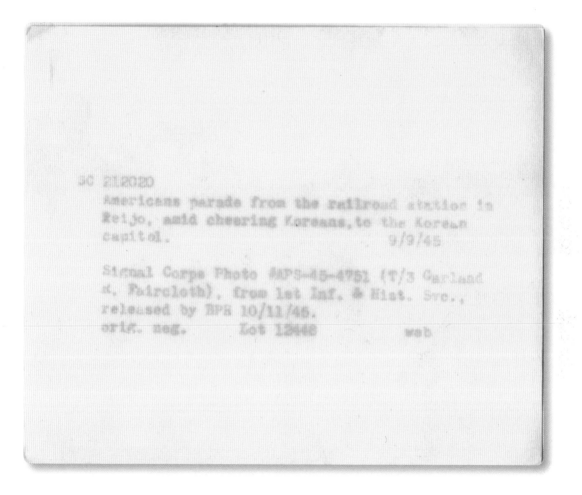

SC 212020

Americans parade from the railroad station in
Reijo, amid cheering Koreans, to the Korean
capitol.   9/9/45

Signal Corps Photo #APS-45-4751 (T/3 Garland
K. Faircloth), from 1st Inf. & Hist. Svc.,
released by BPR 10/11/46.
orig. neg.   Lot 12448   wsb

#SC 212020

미군과 함께 행진하는 사람들

미국인이 환호하는 한국인에 둘러싸인 가운데, 케이조의 철도역에서 한국 중앙청까지 행진하고 있다.(1945. 9. 9 촬영)

*해제: 행진 대열 뒤에 보이는 건물이 경성역이므로 '케이조의 철도역'이란 경성역을 말하고, '한국 중앙청'이란 조선총독부 건물을 가리킨다.

12448

HPS. 45-4752

DATE: 9 SEPT 45
SUBJECT: AMERICAN OCCUPANCY OF KOREA.
PHOTOG: T/3 GARLAND R FAIRCLOTH
CREDIT: 1ST INF AND HIST SVC.

GRAND STREET PARADE FROM THE RR STATION TO THE KOREAN
CAPITOL, WITH THOUSANDS OF CHEERING KOREANS.
KOREA.

RELEASED FOR PUBLICATION
BUREAU OF PUBLIC RELATIONS
WAR DEPARTMENT, WASHINGTON

Bands

3 1 OCT 1945   6

SC-212021

#SC 212021

미군 군악대와 함께 행진하는 사람들
주제: 미국의 한국점령
철도역에서 한국의 중앙청까지 수천 명의 환호하는 한국인과 함께 대규모 거리 행진을 하고 있다.(1945. 9. 9 촬영)
*해제: 제7보병사단 군악대 뒤로 서울역 건물이 보인다.

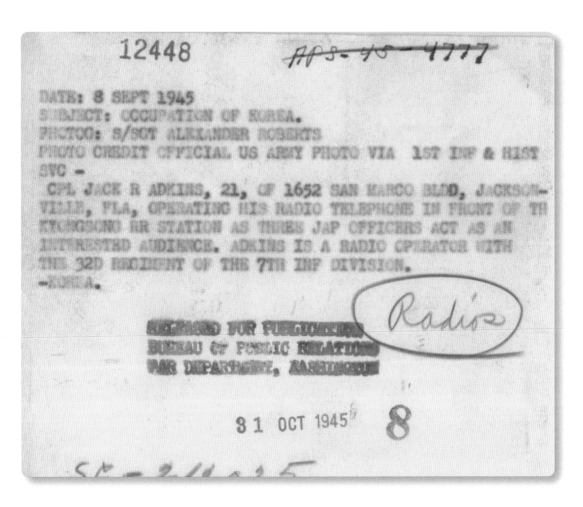

12448

DATE: 8 SEPT 1945
SUBJECT: OCCUPATION OF KOREA.
PHOTOG: S/SGT ALEXANDER ROBERTS
PHOTO CREDIT OFFICIAL US ARMY PHOTO VIA 1ST INF & HIST
SVC -
    CPL JACK R ADKINS, 21, OF 1652 SAN MARCO BLDD, JACKSON-
VILLE, FLA, OPERATING HIS RADIO TELEPHONE IN FRONT OF TH
KYONGSONG RR STATION AS THREE JAP OFFICERS ACT AS AN
INTERESTED AUDIENCE. ADKINS IS A RADIO OPERATOR WITH
THE 32D REGIMENT OF THE 7TH INF DIVISION.
-KOREA.

31 OCT 1945

#SC 212025
서울역 앞에서 무선전화를 작동시키는 미군과 이를 지켜보는 일본군 장교들
주제: 한국점령
철도역 앞에서 일본군 장교 세 명이 청중(聽衆) 역할을 하는 가운데 애드킨스(Jack R. Adkins) 상병(21세, 플로리다 잭슨빌 1652 San Marco Bldd)이 무선전화를 작동하고 있는 모습. 애드킨스(Adkins)는 미군 제7보병사단 32보병연대 무선병이다.(1945. 9. 9 촬영)
* 해제 : 철도역이란 서울역을 말한다.

65

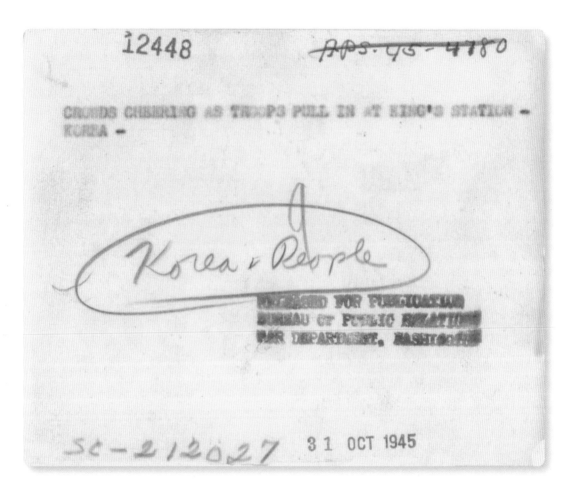

#SC 212027

서울역 앞에서 미군을 환호하는 사람들

미군이 KING'S역에 도착하자 환호하는 군중들.(1945. 9. 9 촬영)

* 해제 : KING'S역이란 서울역을 말한다.

9 6 A

12447

APS-45-4965
Korea   Fusco   10 Sept.

City Korean policemen keeping order, civilians in
background - waiting arrival of American Troops.

Korea - Police

24 OCT 1945

SC-211951

SC 211951

질서를 유지하는 말을 탄 경찰과 미군을 기다리는 사람들
미군 도착을 기다리는 시민들 앞에서 한국의 경찰이 질서를 유지하고 있다.(1945. 9. 10 촬영)

#SC 211958

태극기와 성조기를 흔들며 미군을 환영하는 사람들

미군 제7보병사단 병력이 한국의 수도 게이조(Keijo-서울)로 진입하자 한국인들이 길거리에 줄을 서서 성조기와 태극기를 흔들며 환호했다. 이 장면은 미국 군대가 그들의 해방자라고 생각하며 한국인들이 안도감을 느끼고 있음을 보여준다.(1945. 9. 10 촬영)

9.9V.. 12447

AP3-45-4959
K iejo, Korea   F. Fusco   10 Sept.

Korean civilians lined the streets cheering, and waving
American and Korean flags as troops of the 7th division
entered Keijo, the capital city of Korea. Scenes show
their happiness at seeing American troops when they
consider their liberators.

RELEASED FOR PUBLICATION
BUREAU OF PUBLIC RELATIONS
WAR DEPARTMENT, WASHINGTON

SC-211959   24 OCT 1945

#SC 211959

태극기를 흔들며 미군을 환영하는 학생들

미군 제7보병사단 병력이 한국의 수도 게이조(Keijo-서울)로 진입하자 한국인들이 길거리
에 줄을 서서 성조기와 태극기를 흔들며 환호했다. 이 장면은 미국 군대가 그들의 해방자라
고 생각하며 한국인들이 안도감을 느끼고 있음을 보여준다.(1945. 9. 10 촬영)

*해제: 현수막에는 영어로 "Welcome Apostle of Justice USA Army!(정의의 사도 미국 군대를 환영한
다!)" 라고 쓰여 있다. 그 밑에 있는 문장으로 플랜카드의 중간 부분에 해당하는 영어는 "우리는 오랫동
안 당신을 기다렸습니다(We have long waited for you)"이다. 그리고 환영플랜카드를 만든 주체가 가
장 밑에 줄에 있듯이 "경성공업전문학교(Korean Student in Seoul Technical College)"이다.

#SC 211961

태극기를 흔들며 미군을 환영하는 학생들

일본의 오랜 점령 후에 한국은 미군 제7보병사단 32보병연대에 의해 해방되었다. 즐거워하는 한국 학생들은 한국의 수도 서울로 온 해방자들을 환영하기 위해 대열에서 이탈하고 있다.(1945. 9. 10 촬영)

75

12448

APS. 45 - 4738

9 SEPT 1945
SUBJECT: JAPANESE FORMAL SURRENDER TO THE ALLIES
          AT THE KEIJO CAPITOL - KOREA.
PHOTOG: T/3 GARLAND R FAIRCLOTH
CREDIT: 1ST INF & HIST SVC

- - - - JAPS ENTERING ROOM PRIOR TO SIGNING THE
SURRENDER DOCUMENT.
KORRA

(Surrender - Japanese)

RELEASED FOR PUBLICATION
BUREAU OF PUBLIC RELATIONS
WAR DEPARTMENT, WASHINGTON

3 1 OCT 1945

SC - 212010

SC 212010
항복문서에 서명하기 위해 입장하고 있는 고즈키 요시오 제17방면군 사령관
주제: 일본이 케이조 중앙청에서 연합국에 공식 항복(한국)
조선총독부에서 일본군 항복문서 조인식 모습(한국), 항복문서 조인식에 서명하기 위해 입장하는 일본인(1945. 9. 9 촬영)
* 해제: 여기서 말하는 일본인(JAPS)는 용산기지에 주둔했던 제17방면군 사령관인 고즈키 요시오(上月良夫) 중장이다.

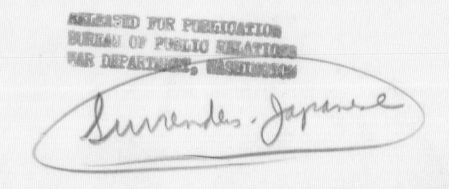

▶ 5 OCT 1945

SC 210981-S

Japanese delegates stand by their chairs awaiting
the arrival of Lieut. Gen. John R. Hodge,
Commanding General of the 24th Corps, during
surrender of Japanese forces in Korea in a
ceremony at Seoul.   Left to right are: Gen. Yoshio
Sozuki, Governor General Nosuzuko Abe and Vice
Admiral Yamaguchi.   1945

RELEASED FOR PUBLICATION
BUREAU OF PUBLIC RELATIONS
WAR DEPARTMENT, WASHINGTON

Surrender. Japanese

#SC 210981-S

항복문서에 서명하기 위해 대기 중인 일본측 대표

한국 서울에서 항복문서 조인식 당시 일본 대표단들이 미군 제24군단장 존 하지(John R.
Hodge) 중장이 도착할 때까지 대기 중이다. 왼쪽에서 오른쪽으로 고즈끼 요시오 장군, 조선
총독 아베 노부유키 그리고 해군 제독 야마구치.(1945. 9. 9 촬영)

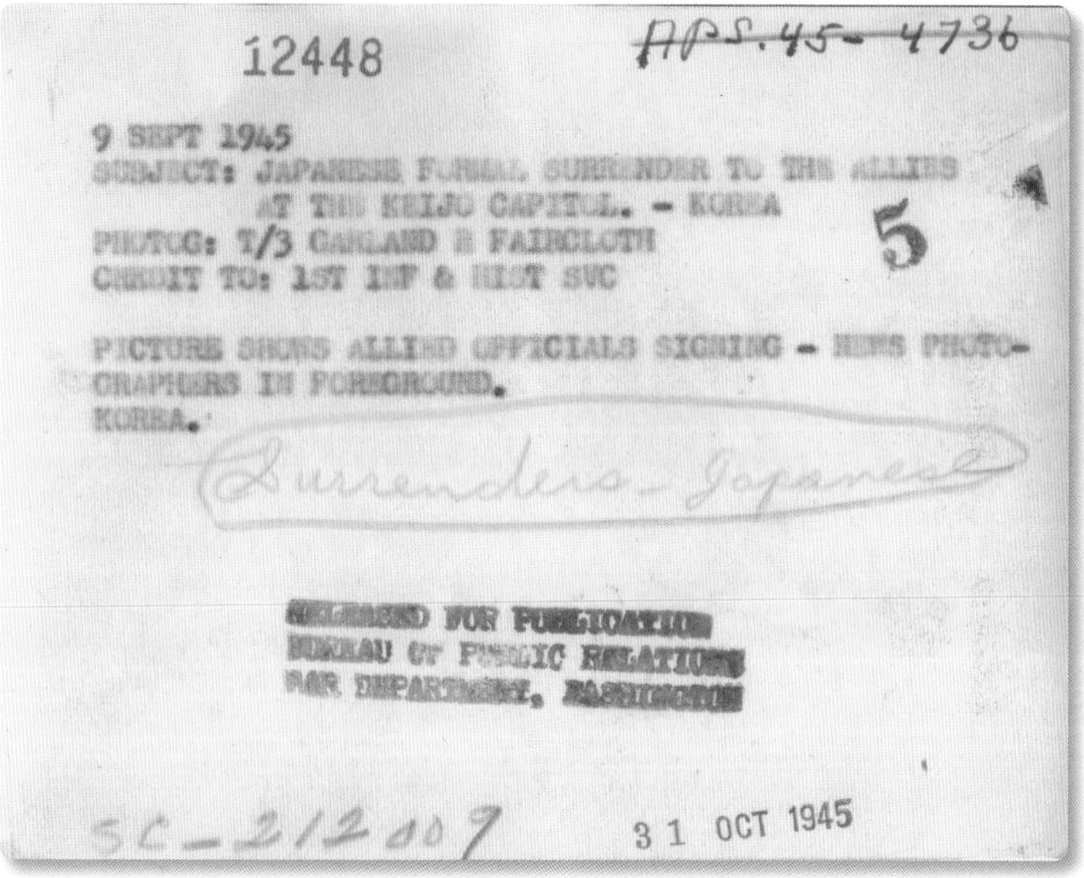

12448　　　　APS.45-4736

9 SEPT 1945
SUBJECT: JAPANESE FORMAL SURRENDER TO THE ALLIES
　　　　AT THE KEIJO CAPITOL. - KOREA
PHOTOG: T/3 GARLAND & FAIRCLOTH
CREDIT TO: 1ST INF & HIST SVC

5

PICTURE SHOWS ALLIED OFFICIALS SIGNING - NEWS PHOTO-
GRAPHERS IN FOREGROUND.
KOREA.

Surrenders - Japanese

RELEASED FOR PUBLICATION
BUREAU OF PUBLIC RELATIONS
WAR DEPARTMENT, WASHINGTON

SC-212009　　　31 OCT 1945

#SC 212009
항복문서 서명식을 촬영하기 위해 모인 촬영기사들
주제: 일본이 케이조 중앙청에서 연합국에 공식 항복(한국)
조선총독부(중앙청)에서 일본군 항복문서 조인식 모습(한국). 사진은 서명을 하는 연합군 대표단들을 보여주고 있고 앞쪽에는 뉴스 사진촬영 기사들이다.(1945. 9. 9 촬영)

WPA-45-70073

```
44-45-70073                    10 Sept. 1945

Surrender in Korea.  In throne room of
Government Palace at Seoul, ancient
capital of Korea, Japanese headed by
Governor Gen. Nobiyuki Abbe, face U. S.
Army & Navy Commanders, headed by Lieut.
Gen. John R. Hodge , (in shadow of camera)
and Admiral Thomas C. Kinkaid.  On table
before Nipponese, are Surrender Terms,
which they expect to sign after instructions
from Lieut. Gen. Hodge.

Photographer:  Cpl R. F. Albright

Surrenders - Japanese
```

12485

CLEARED FOR PUBLICATION
BUREAU OF PUBLIC RELATIONS
WAR DEPARTMENT, WASHINGTON

1 NOV 1945

SL-212172

SC 212172

항복문서 조인식 광경

한국에서의 항복. 한국의 고대 수도 서울 조선총독부 회의실에서 조선총독 아베 노부유키를 수장으로 한 일본측이 미 육군 총사령관 하지 중장(카메라 그늘에 가려짐)과 미 해군 제독 킨케이드를 마주하고 있다. 일본인들 앞 테이블 위에는 항복문서가 놓여있고 하지 중장의 지시 후에 서명할 예정이다.(1945. 9. 9 촬영)

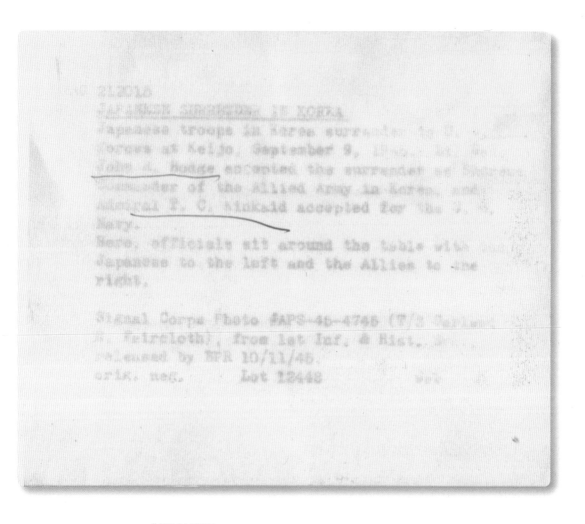

SC 212015

항복문서 조인식에 참여한 미일측 대표들
1945년 9월 9일 일본군이 미군에게 항복을 하고 있다. 하지 중장이 연합군 최고사령관을 대
표해 항복을 접수했으며, 킨 케이드 해군제독은 미해군을 대표해 일본군의 항복을 접수했
다. 왼쪽에 일본 대표들이 오른쪽에 동맹군 대표들이 테이블에 둘러앉아 있다.
(1945. 9. 9 촬영)

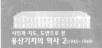

#SC 212173

항복문서에 서명하는 아베 노부유키 조선총독
signing away greater last asia. 한국의 고대 수도 서울에서 조선 총독 아베 노부유키가 육군 중장 고즈키 요시오(왼쪽)와 해군 중장 야마구치 기사부로(오른쪽) 사이에서 항복문서에 서명하는 모습(1945. 9. 9 촬영)

#SC 212011

항복문서에 서명하고 있는 조선총독 아베 노부유키
주제: 일본이 케이조 중앙청에서 연합국에 공식 항복(한국)
조선총독부에서 일본군 항복문서 조인식 모습(한국), 연합군 최고사령관을 대표해 항복문서 조인식에 서명한 사람은 하지 중장이며 킨 케이드 해군제독은 미해군을 대표해 서명했다.(1945. 9. 9 촬영)
 * 해제: 사진 캡션 설명과 달리 항복문서에 서명을 하고 있는 사람은 조선총독 아베 노부유키(阿部信行)다.

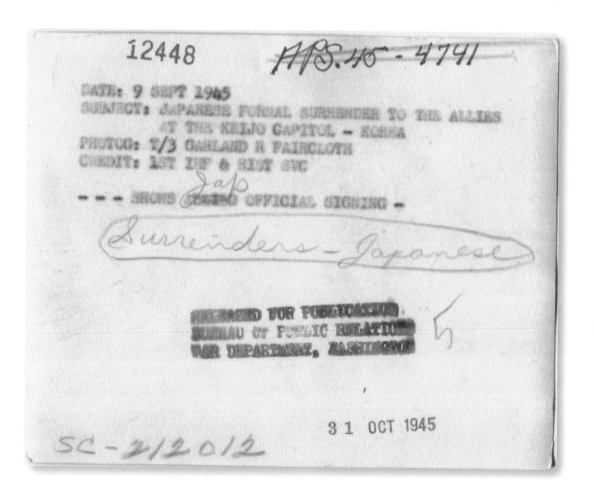

SC 212012
항복문서에 서명하고 있는 해군 제독 야마구치
주제: 일본이 케이조 중앙청에서 연합국에 공식 항복(한국)
조선총독부에서 일본군 항복문서 조인식 모습(한국), 항복문서에 서명하는 일본군 대표.(1945. 9. 9 촬영)
* 해제: 사진에서 항복문서에 서명하고 있는 사람은 진해경비부 사령관 야마구치 기사부로(山口儀三郎)다.

12448　ＨＰＳ．45 - 4743

DATE: 9 SEPT 1945
SUBJECT: JAPANESE FORMAL SURRENDER TO THE ALLIES
　　　　AT THE KEIJO CAPITOL - KOREA
PHOTOG: T/3 GARLAND R FAIRCLOTH
CREDIT: 1ST INF & HIST SVC

- - - SHOWS JAPANESE OFFICIAL SIGNING DOCUMENT OF
SURRENDER.

Surrenders - Japanese

RELEASED FOR PUBLICATION.
BUREAU OF PUBLIC RELATIONS
WAR DEPARTMENT, WASHINGTON

SC-212013　　　3 1 OCT 1945

SC 212013
항복문서에 서명하고 있는 제17방면군 사령관
주제: 일본이 케이조 중앙청에서 연합국에 공식 항복(한국)(1945. 9. 9 촬영)
* 해제: 서명하고 있는 사람은 제17방면군 사령관 고즈끼 요시오 장군이다.

12448　　　　　　　　APS.45-4734

9 SEPT 1945
SUBJECT: JAPANESE FORMAL SURRENDER TO THE ALLIES
　　　　　AT THE KIEJO CAPITOL - KOREA
PHOTOG: T/3 GARLAND R FAIRCLOTH
CREDIT: 1ST INF & HIST SVC.

- - - ALLIED OFFICIALS SIGNING DOCUMENT OF SURRENDER

Surrenders - Japanese

SC-212008　　　　　31 OCT 1945

SC 212008
일본의 항복문서 서명식에 출석한 미군 대표
주제: 일본이 케이조 중앙청에서 연합국에 공식 항복(한국)(1945. 9. 9 촬영)
* 해제: 항복문서 조인식은 조선총독부 제1회의실(중앙청)에서 열렸다. 가운데(테이블 왼쪽에서 세 번째) 서명하고 있는 사람은 주한미군사령관 존 하지(John R. Hodge) 육군 중장이며 하지의 오른쪽이 태평양 방면 해군사령관 킨케이드(Thomas C. Kinkaid) 대장, 왼쪽이 제7보병사단장인 아놀드(Archibald V. Arnold) 소장이다.

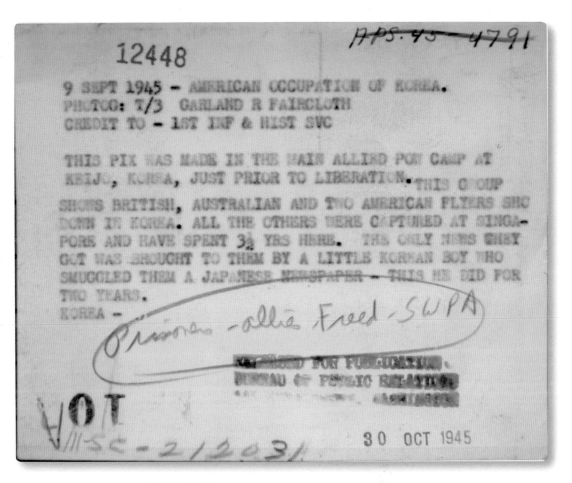

12448

HPS 45 4791

9 SEPT 1945 - AMERICAN OCCUPATION OF KOREA.
PHOTOG: T/3 GARLAND R FAIRCLOTH
CREDIT TO - 1ST INF & HIST SVC

THIS PIX WAS MADE IN THE MAIN ALLIED POW CAMP AT
KEIJO, KOREA, JUST PRIOR TO LIBERATION. THIS GROUP
SHOWS BRITISH, AUSTRALIAN AND TWO AMERICAN FLYERS SHO
DOWN IN KOREA. ALL THE OTHERS WERE CAPTURED AT SINGA-
PORE AND HAVE SPENT 3½ YRS HERE. THE ONLY NEWS THEY
GOT WAS BROUGHT TO THEM BY A LITTLE KOREAN BOY WHO
SMUGGLED THEM A JAPANESE NEWSPAPER - THIS HE DID FOR
TWO YEARS.
KOREA -

Prisoners - allies Freed - SWPA

RELEASED FOR PUBLICATION.
BUREAU OF PUBLIC RELATIONS
WASHINGTON

30 OCT 1945

#SC 212031

미군을 만나 기뻐하는 경성연합군포로수용소의 포로들
이 사진은 해방 바로 직전 경성연합군포로수용소에서 촬영된 것이다. 이들은 영국인과 호주인 그리고 한국에서 격추된 2명의 미국 조종사이다. 다른 사람들은 싱가포르에서 잡혀와 이곳에서 3년 반을 보냈다. 그들이 접할 수 있는 유일한 소식은 한국 소년이 일본 신문을 몰래 포로들에게 가져다 준 것이었다. 그 소년은 2년 동안 이 일을 했다.(1945. 9. 9 촬영)
* 해제: 1942년 9월 25일 문을 연 경성연합군포로수용소는 오늘날 용산구 신광여고 자리에 있었다. 아시아태평양 전쟁 중 말레이전투에서 포로가 된 영국군과 호주군들이 주로 수감되었다.

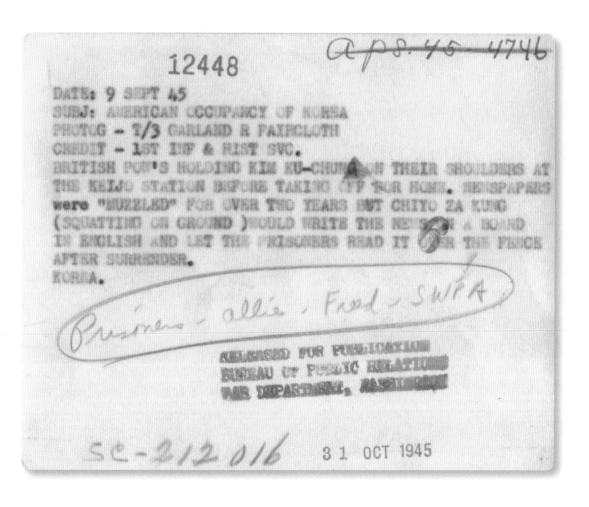

#SC 212016

귀국 전 영국군 포로와 김구춘 소년

영국군 포로가 석방된 후 귀국 전 케이조역 앞에서 한국인 김구춘을 어깨에 올린 모습. (땅
에 웅크리고 앉아 있는) Chiyo Za Kung은 영어로 기사를 쓰고 일본의 항복 직후 연합군포
로들이 울타리 너머로 뉴스를 읽을 수 있게 했다.(1945. 9. 9 촬영)

*해제: 여기서 말하는 한국인 김구춘은 2년 간 몰래 연합군포로들에게 신문을 가져다 준 한국인 소년으
로 추정된다. 김구춘의 손에는 연합군포로들로부터 받은 선물이 보인다.

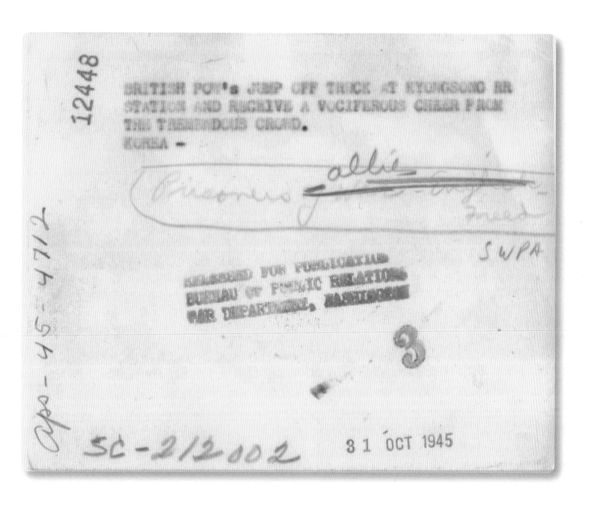

SC 212002
연합군 포로와 환호하는 사람들
경성역에 도착하여 트럭에서 뛰어 내리고 있는 영국군 포로가 수많은 한국인들로부터 환호를 받고 있다.(1945. 9. 9 촬영)

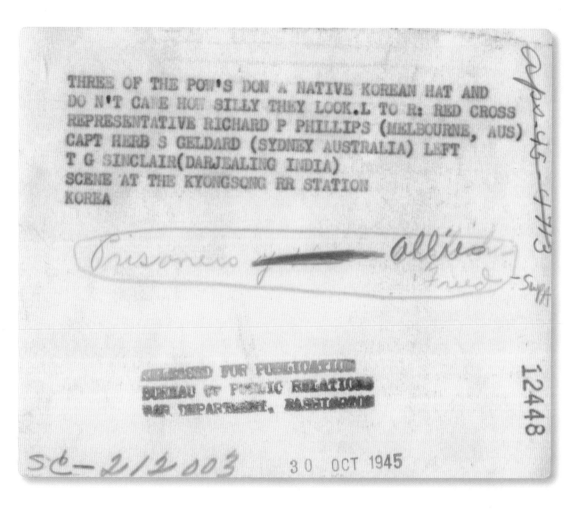

THREE OF THE POW'S DON A NATIVE KOREAN HAT AND
DO N'T CARE HOW SILLY THEY LOOK. L TO R: RED CROSS
REPRESENTATIVE RICHARD P PHILLIPS (MELBOURNE, AUS)
CAPT HERB S GELDARD (SYDNEY AUSTRALIA) LEFT
T G SINCLAIR(DARJEALING INDIA)
SCENE AT THE KYONGSONG RR STATION
KOREA

apo 46-4713

Prisoners of allies Freed

12448

RELEASED FOR PUBLICATION
BUREAU OF PUBLIC RELATIONS
WAR DEPARTMENT, WASHINGTON

SC-212003   30 OCT 1945

SC 212003

서울역 앞에서 갓을 쓰고 즐거워하는 연합군 포로들

연합군 포로 세 명이 한국의 갓을 쓰고 바보처럼 보여도 신경쓰지 않고 있다. 왼쪽부터 적십
자사 요원 필립스(Richard P. Phillips, 호주 멜버른), 젤다드(Herb S. Geldard, 호주 시드니),
싱클레어(T. G. Sinclair, 인도 다질링). 경성역에서의 모습.(1945. 9. 9 촬영)

aps-45-4749

12448

A batch of the 160 British and Australian POW'S
arrive on an armored car at Kyongsong RR Station
just prior to their departure.   A friendly, enthusiastic
crowd gives them a rousing farewell.

KOREA -

Prisoners allied Freed

SWPA

RELEASED FOR PUBLICATION
BUREAU OF PUBLIC RELATIONS
WAR DEPARTMENT, WASHINGTON

SC-212004   3 1 OCT 1945

#SC 212004

귀국을 위해 장갑차를 타고 경성역을 향하는 연합군 포로들
영국군과 호주군 포로 160명이 고국으로 돌아가기 위해 장갑차를 타고 경성역에 도착하고
있다. 다정하고 열성적인 군중이 그들에게 열렬한 작별인사를 하고 있다.(1945. 9. 9 촬영)

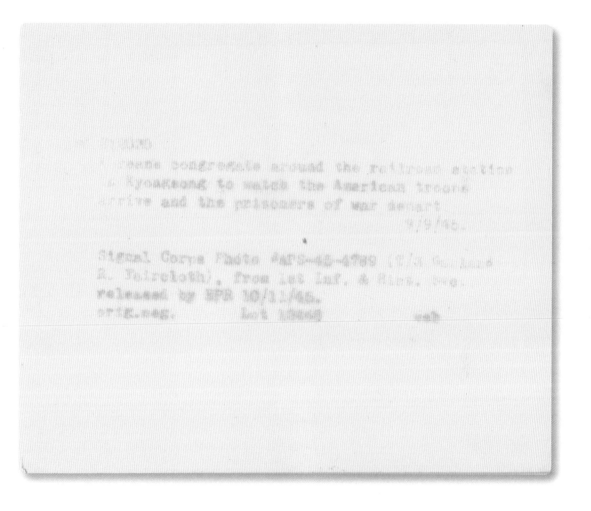

#SC 212030
연합군 포로의 귀환을 보기 위해 경성역에 모인 사람들
한국인들이 진주하는 미군과 떠나는 연합군 포로들을 보기 위해 철도역 앞에 모여 있다.
(1945. 9. 9 촬영)
*해제: 이들은 경성연합군포로수용소에 수감된 포로였다.

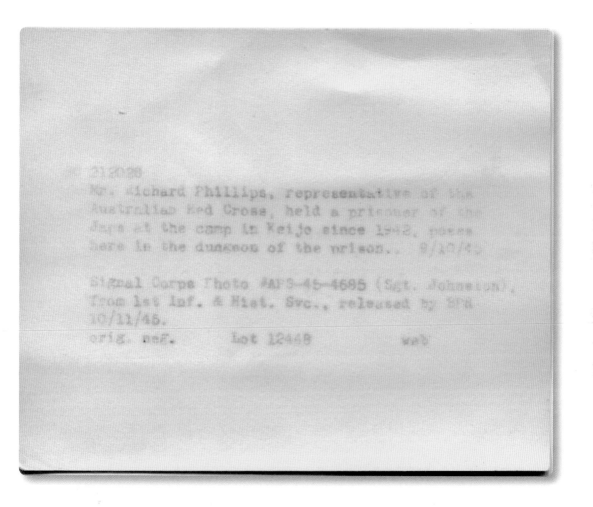

#SC 212028

경성연합군포로수용소에서 호주 적십자사 대표 필립스 씨
호주 적십자사 대표 리차드 필립스 씨는 1942년부터 이곳 케이조에 있는 연합군포로수용소
지하감옥에서 포로로 억류되었다.(1945. 9. 10 촬영)

SC 211054-S

A Military Police of the U. S. Army's Seventh
Division searches Japanese officers for weapons
in Korea.   The Japanese made their way to the
southern part of Korea, where they were met and
disarmed.   The Japanese were required to surrender
their rifles, bayonets and other ordnance equip-
ment.   1945

Signal Corps Photo from Western Pacific Area,
released by BPR, 9/21/45.   Special release, 9/21/45
orig. neg.   Lot 12471   br

#SC 211054-S

일본군 장교들의 무기를 수색 중인 미군 헌병

미군 제7보병사단 소속 헌병이 일본군 장교들이 소지한 무기를 수색하고 있다. 일본군은 한
국의 남쪽으로 철수해 무장해제되었다. 일본군들은 소총, 총검, 그리고 기타 군수품을 (미군
들에게-역자) 넘겨주었다.(1945. 9. 9 ~ 9. 10 촬영 추정)

*해제: 이 사진은 1945년 9월 9일 조선총독부에서 항복문서 조인식 다음 날인 9월 10일경에 촬영한 것
으로 보인다. 일제의 패망과 함께 인천에 주둔했던 일본군은 9월 8일 12시까지 인천 교외로, 경성(서울)
의 일본군은 9월 12일까지 한강 이남으로 철수하였다.

111

APS-45-4949
Det. Unit #3231 Photog. R.F. Albright 10 Sept. 45

A Jap soldier unbuckles his sidearms, surrendering
them to an American soldier of the 32nd Regt. 7th Div.
at Keijo, Korea. The Japanase were met ant disarmed
as they proceeded to Southern Korea.

RELEASED FOR PUBLICATION   2 NOV 1945
BUREAU OF PUBLIC RELATIONS
WAR DEPARTMENT, WASHINGTON

Prisoners of War-Japanese

SC-212368   12523

#SC212368

무장해제의 일환으로 허리 바클을 풀고 있는 일본군

일본군 병사가 미군 제7보병사단 32보병연대 소속 미군장병에게 항복하려고 허리 바클을 풀고 있다. 일본군은 무장해제되어 한국 남쪽으로 이동하였다. (1945. 9. 10 촬영, 국사편찬위원회 소장)

113

A member of the U. S. Army's Seventh Infantry
Division searches Japanese soldiers for weapons
during disarming operations in Korea. The
Japanese made their way to the southern part of
Korea, where they were met and disarmed by
American troops. Japanese were required to
surrender their rifles, bayonets and other
ordnance equipment.

Signal Corps Photo, from Western Pacific Area
released by BPR, 9/21/45. Special release 9/21/
orig. neg.   Lot 12471   br

SC211059-S
무장해제의 일환으로 일본군의 몸을 수색하는 미군
한국에서의 무장해제 작전 기간 동안 미군 제7보병사단 장병이 일본군 무기를 수색하고 있
다. 일본군은 한국 남쪽으로 이동하였고 그곳에서 무장해제되었다. 일본군들은 소총, 총검,
그리고 기타 군수품을 넘겨주었다.(1945. 9. 9 ~ 9. 10 촬영 추정)

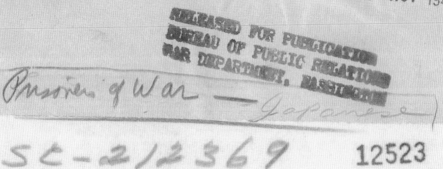

APS-45-4852
Sig. Photo Co. Det. Unit #3231 Photog: R.F. Albright
                                                10 Sept. 45

A group of Japanese soldiers are lined up by members
of the 32nd Regt. 7th Div. at Keijo, Korea, after
surrendering their weapons. The Japs were allowed to
keep their sabres but made to give up 75% of their
rifles, bayonets and other ordnance equipment.

                                          2 NOV 1945

Prisoners of War — Japanese)

SC-212369   12523

#SC 212369

무장해제 후 줄을 서고 있는 일본군들

한 무리의 일본 군인들이 무기를 넘긴 후 미군 제7보병사단 32연대 소속의 미군들에 의해
줄을 서고 있다. 일본군들은 검을 소지하는 것은 허락되었지만 소총, 총검 그리고 다른 군수
품들의 75%를 포기해야만 했다.(1945. 9. 10 촬영)

* 해제: 미군은 허용해 왔던 장교의 칼도 얼마 지나지 않아 모두 회수하였다.

12448

(CP S 45-4747)

DATE: 9 SEPT 45
SUBJECT: AMERICAN OCCUPANCY OF KOREA.
PHOTOG - T/3 GARLAND R FAIRCLOTH
CREDIT - 1ST INF & HIST. SVC.

JAPANESE SOLDIERS MARCHING OUT OF CITY OF KEIJO TO
MAKE ROOM FOR THE AMERICANS.
KOREA.

Korea
Japan - army

RELEASED FOR PUBLICATION
BUREAU OF PUBLIC RELATIONS
WAR DEPARTMENT, WASHINGTON

SC-212017   31 OCT 1945

#SC 212017
패전한 일본군이 경성에서 철수하는 모습
주제: 미국의 한국점령
일본군이 케이조에서 미군이 마련한 거처로 행진하는 모습.
(1945. 9. 9 촬영, 국사편찬위원회 소장)

SC 211055-S
Japanese soldiers in Korea use hand-drawn carts to
bring in equipment to be surrendered to troops
of the U. S. Army's Seventh Infantry Division.
The Japanese made their way to the southern part
of Korea, where they were met and disarmed by
the U. S. troops.   The Japanese were required to
surrender their rifles and bayonets and other
ordnance equipment.   1945

Signal Corps Photo from Western Pacific Area,
released by BPR, 9/21/45. Special release 9/21/45.
org. neg.   Lot 12471   br

\#SC 211055-S

무장해제된 채 손수레에 짐을 싣고 철수 중인 일본군과 구경꾼들

일본군이 미군 제7보병사단에 장비를 넘겨주기 위해 손수레에 장비를 싣고 가고 있다. 일본군은 한국 남쪽으로 이동하였고 그곳에서 미군에 의해 무장해제 되었다. 일본군들은 소총, 총검, 그리고 기타 군수품을 넘겨주었다. (1945. 9. 9 촬영)

*해제: 손수레에 장비를 실은 일본군 너머 한국인들이 길가에서 지켜보고 있다. 사진이 촬영된 장소는 현 용산미군기지 옆 한강대로로 보인다.

Cab. 6-Korea
Cab. 6-Surrender, Japanese

SC 211052-S
Japanese soldiers in Korea use hand-drawn
carts to bring in equipment to be surrendered
to troops of the U.S. Army's Seventh Infantry
Division. The Japanese made their way to the
southern part of Korea, where they were met
and disarmed by the U.S. troops. Japanese
were required to surrender their rifles,
bayonets and other ordnance equipment.

Signal Corps Photo from Western Pacific Area.
Released by BPR, 9/21/45. Special release,
9/21/45.
orig. neg.   Lot 12471   pg

#SC 211052-S

손수레에 장비를 가득 싣고 철수 중인 일본군들

한국에 있는 일본군이 미군 제7보병사단에 항복하기 위해 손수레에 장비를 싣고 가고 있다.
일본군은 한국 남쪽으로 이동하였고 그곳에서 미군에 의해 무장해제되었다. 일본군들은 소
총, 총검, 그리고 기타 군수품을 넘겨주었다.(1945. 9. 9 ~ 9. 10 촬영 추정)

211057-S
Troops of the U. S. Army's Seventh Infantry
escort Japanese soldiers drawing hand carts
loaded with weapons to be surrendered in Korea.
The Japanese made their way to the southern
part Korea, where they were met and disarmed
by U. S. troops.
1945

Signal Corps Photo from Western Pacific Area,
released by BPR, 9/21/45. Special release 9/21/45
orig. neg.   Lot 12471   br

SC 211057-S

미군의 감시 아래 무기를 이송 중인 일본군

미군에게 넘겨주려고 손수레에 무기를 실은 일본군을 미군이 호송하고 있다. 일본군은 한국
남쪽으로 이동하였고 그곳에서 미군에 의해 무장해제되었다.(1945. 9. 9 ~ 9. 10 촬영 추정)

*해제: 미군 호송 하에 이동 중인 일본군 뒤쪽의 희미한 산은 남산이다. 한강 방향으로 이동 중이다.

SC-211056-S

Members of the U.S. Army's Seventh Infantry
Division stack bayonets taken from Japanese
troops during disarming operations in Korea.
The Japanese soldiers made their way to the
southern part of Korea where they were met
by American troops of the 24th Corps.

Signal Corps Photo from Western Pacific Area.
Released by BPR, 9/21/45. Special release,
9/21/45.
orig. neg.   Lot 12471
                                              DS

SC 211056-S

일본군으로부터 빼앗은 총검을 쌓고있는 미군들
한국에서의 무장해제 작전 기간 동안 미군 제7보병사단 장병들이 일본군으로부터 빼앗은
총검을 쌓고 있다. 일본군은 한국 남부 지방으로 이동하였고 그곳에서 미군 제24군단에 의
해 무장해제 되었다. (촬영일자 미상)

211058-S

SC- 211058

Members of the U.S. Army's Seventh Infantry
Division examine rifles and bayonets taken
from Japanese troops during disarming
operations in Korea.   Japanese, required to
surrender their rifles, bayonets and other
ordnance equipment, made their way to southern
ares, where they were met and disarmed by U.S.
troops.

Signal Corps Photo from Western Pacific Area,
released by NME, 9/21/45. Special release,
9/21/45.
Orig. neg.   Neg 12871   DB

#SC 211058

한강변에서 일본군으로부터 빼앗은 총과 총검을 확인 중인 미군들

한국에서의 무장해제 작전 동안 미군 제7보병사단 장병들이 일본군으로부터 빼앗은 총과 총검을 검사하고 있다. 일본인들은 소총, 총검, 그리고 기타 군수품을 넘겨주었다. 일본군은 한국 남쪽으로 이동하였고 그곳에서 미군에 의해 무장해제되었다. (촬영일자 미상)

*해제: 사진 중앙 수레에서 소총을 들고 있는 미군 옆으로 한국인 아이들이 소총을 만지작거리는 모습이 흥미롭다.

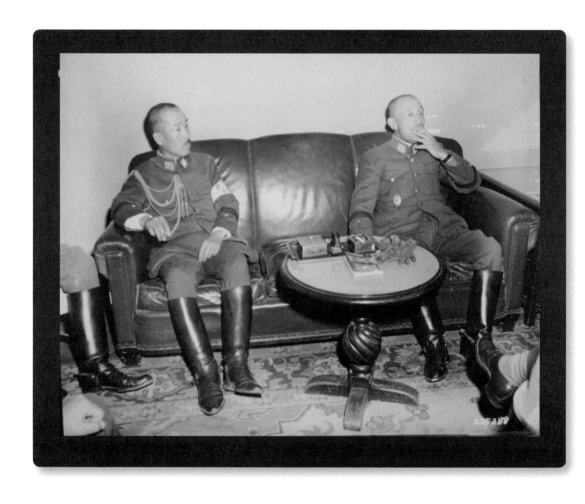

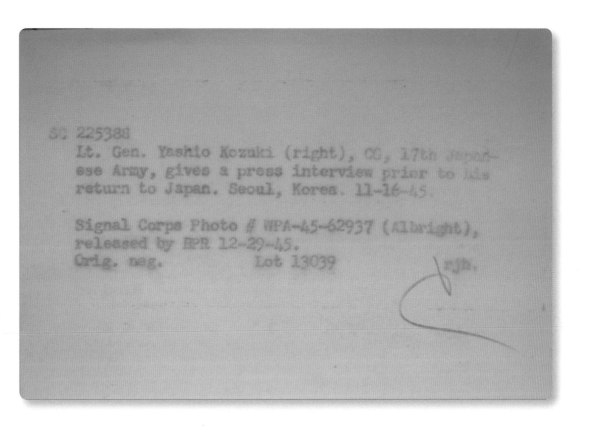

SC 225388
Lt. Gen. Yashio Kozuki (right), CC, 17th Japan-
ese Army, gives a press interview prior to his
return to Japan. Seoul, Korea. 11-16-45.

Signal Corps Photo # WPA-45-62937 (Albright),
released by BPR 12-29-45.
Orig. neg.   Lot 13039   rjh.

#SC 225388
서울에서 일본으로 귀국 전 담배를 피우며 기자회견 중인 고즈키 요시오 중장
일본군 제17방면군 사령관 요시오 코즈키 중장(오른쪽)이 일본으로 귀환하기 전 서울에서
기자회견을 하고 있다.(1945. 11. 16 촬영, 국사편찬위원회 소장)

XXIV-CORP-45-00756

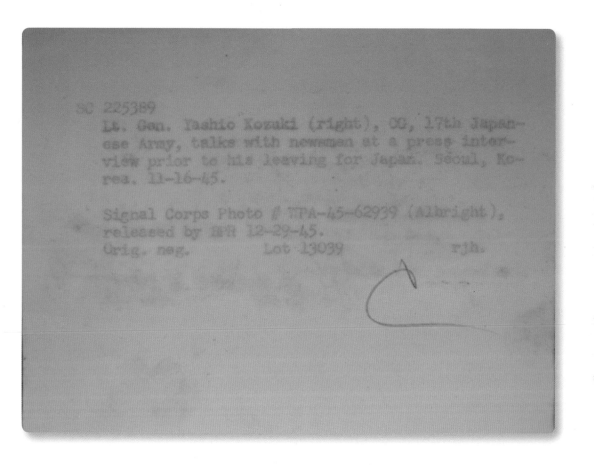

SC 225389
Lt. Gen. Yashio Kozuki (right), CG, 17th Japan-
ese Army, talks with newsmen at a press inter-
view prior to his leaving for Japan. Seoul, Ko-
rea. 11-16-45.

Signal Corps Photo # WPA-45-62939 (Albright),
released by BPR 12-29-45.
Orig. neg.   Lot 13039   rjh.

#SC 225389

서울에서 기자들과 귀국 전 기자회견을 하고 있는 고즈키 요시오 중장
일본군 제17방면군 사령관 고즈키 요시오(오른쪽) 중장이 일본으로 귀환하기 전 서울 기자
회견에서 기자들과 이야기를 나누고 있다.
(1945. 11. 16 촬영, 국사편찬위원회 소장)

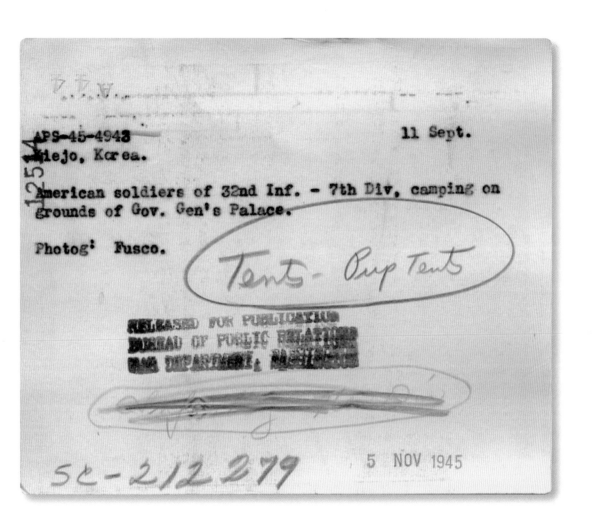

#SC 212279

조선총독부 마당에서 텐트를 치고 숙영 중인 제32보병연대 일부 병력
미군 제7보병사단 32보병연대 장병들이 총독부 마당에서 숙영 중이다.(1945. 9. 11 촬영)

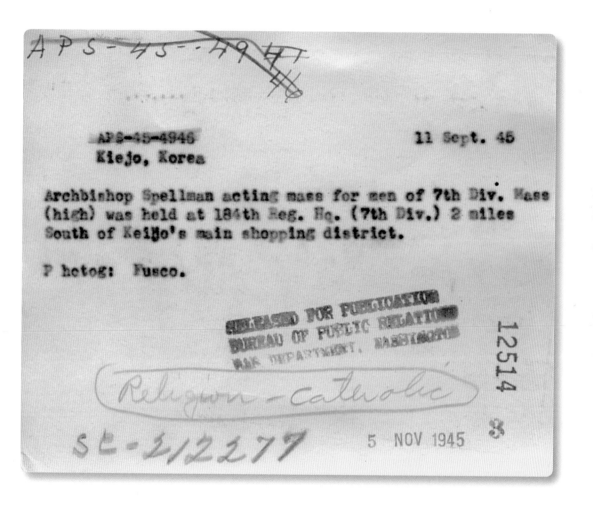

APS-45-4946   11 Sept. 45
Kiejo, Korea

Archbishop Spellman acting mass for men of 7th Div. Mass
(high) was held at 184th Reg. Hq. (7th Div.) 2 miles
South of Keijo's main shopping district.

Photog: Fusco.

RELEASED FOR PUBLICATION
BUREAU OF PUBLIC RELATIONS
WAR DEPARTMENT, WASHINGTON

Religion - catholic

12514

SC-212277   5 NOV 1945

SC 212277

미사에 참여한 미 제7보병사단 장병들

미군 제7보병사단 장병들을 위해 미사를 거행하는 스펠맨 대주교(위). 미사는 서울 중심 상
가로부터 2마일 남쪽에 떨어진 제7보병사단 184연대본부에서 거행되었다.(1945. 9. 11 촬영)
*해제: 제7보병사단 184보병연대는 일본군 제79연대가 주둔했던 곳에 자리를 잡았다. 제184보병연대
는 1946년 1월 19일 제31보병연대로 이름을 바꾸었다.

사진과 지도, 도면으로 본
용산기지의 역사 2(1945~1949)

138

E. F. V.

APS-45-4921

12514

Russian Troops moving north along road, from Song Do.

(Russia-Army)

RELEASED FOR PUBLICATION.
BUREAU OF PUBLIC RELATIONS
WAR DEPARTMENT, WASHINGTON

SC-212281   5 NOV 1945

#SC 212281

개성(송도) 도로 위의 소련군

러시아 장병들이 송도에서 도로를 따라 북쪽으로 이동중이다.(촬영일자 미상)

개성(송도) 도로 위의 소련군

*해제: 여기서 송도(Song Do)는 개성을 말한다. 개성은 과거 고려의 수도로서 개경(開京), 송악(松岳), 송도(松都), 송경(松京) 등 여러 가지 이름으로 불리기도 하였다. 미군 제32보병연대의 1개 중대가 9월 11일 개성에 도착해, 12일 검문소를 설치하였다. 미군의 개성 도착날짜를 고려할 때, 그 직후에 소련군이 북쪽으로 이동했으므로 9월 11일경 이 장면을 촬영한 것으로 추정된다.

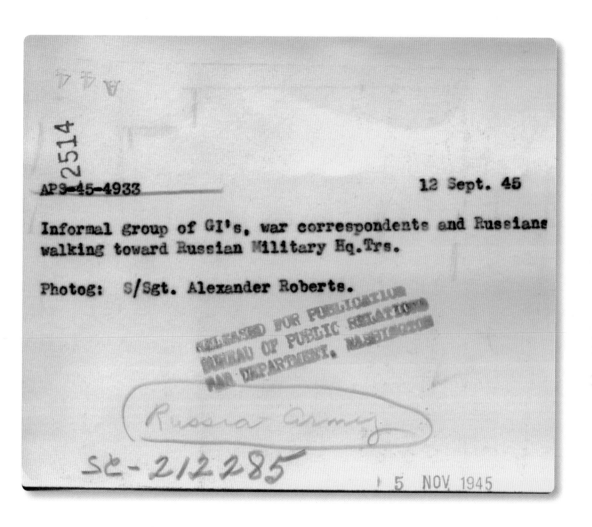

SC 212285
개성에서의 소련군과 미군 그리고 전쟁특파원
격식 없이 러시아 군대의 본부로 걸어 들어가는 미군들과 전쟁특파원, 그리고 러시아군인들
(1945. 9. 12 촬영)

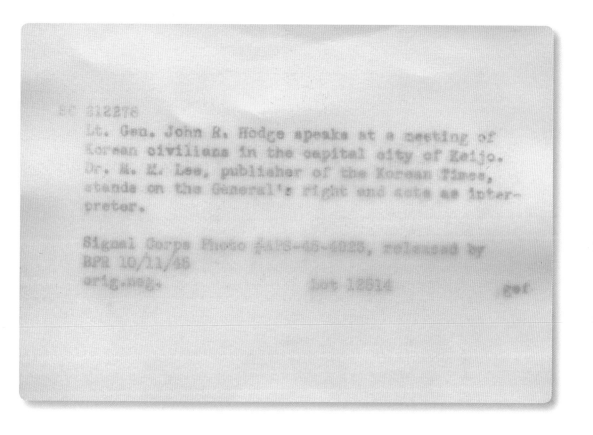

SC 212278
Lt. Gen. John R. Hodge speaks at a meeting of
Korean civilians in the capital city of Keijo.
Dr. M. M. Lee, publisher of the Korean Times,
stands on the General's right and acts as inter-
preter.

Signal Corps Photo #APS-45-4023, released by
BPR 10/11/45
orig.neg.   Lot 12514

SC 212278

서울 시민들 앞에서 연설 중인 하지 중장

(주한미군사령관 겸 미군정청 사령관-역자) 존 하지 중장이 수도 서울의 시민들 앞에서 연설하고 있다.
한국신문 발행인 M. M. Lee(이묘묵)이 하지 장군의 오른쪽에서 통역을 하고 있다.(촬영일자 미상)

* 해제: 이묘묵은 일제강점기 공주 영명학교 교사, 연희전문학교 교장 등을 역임했다. 일제 말인 1942년 친일단체인 시국대응전선사상보국연맹을 개편한 재단법인 야마토 쥬쿠(大和塾)에 참여하였고, '황도(皇道)' 학습을 목적으로 창립된 황도학회 발기인으로 참여하였다. 광복 후 1945년 9월 영자신문 『코리아 타임즈』(The Korea Times) 발행 준비위원을 맡았으며, 미군정 하지의 특별보좌관에 임명되어 통역으로 활동했다. 그는 한국민주당 창당에 적극 개입했을 뿐만 아니라 그 뒤 한민당과 미군정을 연결하는 핵심 고리 중 하나가 되었다. 1949년 국제연합 한국협회 이사장을 지냈고, 국제연합 한국위원단 사무관에 임명되었다. 이묘묵의 일제강점기 활동은 친일반민족행위로 규정되어 친일인명사전에 등록되어 있다(한국민족문화대백과 참조).

```
12514   APS-45-4939                    11 Sept. 45
        Kiejo, Korea

Local Koreans demonstrating free speech - local soap
box caller. location - at railroad station in Keijo.

Photog:  Fusco.
```

Korea People

RELEASED FOR PUBLICATION
BUREAU OF PUBLIC RELATIONS
WAR DEPARTMENT, WASHINGTON

5 NOV 1945

SC-212280

#SC 212280

서울역에서 가두 연설 중인 한국인들
자유 연설 중인 현지 한국인들. 현지 가두연설. 위치 - 케이조에 있는 철도역(1945. 9. 11 촬영)

FEC 47-75375   OCTOBER 1945

GHQ SIGNAL OFFICE, FEC, TOKYO,JAPAN,
CIVIL COMMUNICATIONS SERIES.

THE "B" BOARD, INDICATING POSITION
IN FOREGROUND FOR THROUGH TRUNKING
PURPOSES AT RYUZAN TELEPHONE OFFICE
AT SEOUL, KOREA.

PHOTOGRAPH BY U.S.ARMY SIGNAL CORPS

Telephones - Switchboards

RELEASED FOR PUBLICATION
PUBLIC INFORMATION DIVISION
WAR DEPARTMENT, WASHINGTON

15863
869

SC297377

SC 297377
서울전신전화국 용산분국에서 일하는 한국인 모습
서울전신전화국 용산분국의 B반 중계대 모습.(1945. 10 촬영, 국사편찬위원회 소장)
 * 정확한 해석 불가

698

FEC-47-75350   OCTOBER 1945

GHQ SIGNAL OFFICE, FEC, TOKYO, JAPAN,
CIVIL COMMUNICATIONS SERIES.

OUTSIDE VIEW OF THE RYUZAN TELEPHONE
OFFICE IN SEOUL, KOREA.

PHOTOGRAPH BY U.S. ARMY SIGNAL CORPS

RELEASED FOR PUBLICATION
PUBLIC INFORMATION DIVISION
WAR DEPARTMENT, WASHINGTON

15872

#SC 297487

서울전신전화국 용산분국 전경

일본 도쿄, 극동군사령부(FEC), 연합군총사령부(GHQ) 통신국, 민간통신 시리즈. 한국 서울전신전화국 류잔분국 전경.(1945. 10 촬영, 국사편찬위원회 소장)

* 해제: 류잔은 용산의 일본어 발음이다. 서울전신전화국 용산분국은 현 한강대로 KT 용산빌딩 자리로 1922년 3월 5일 경성우편국 용산전화분국(용산전화국 전신)으로 설치되어 해방 이후 체신부, 한국전기통신공사(1981), KT(2002)로 이어졌다.

XXIV-CORP-45-01161 APS-46-196

150

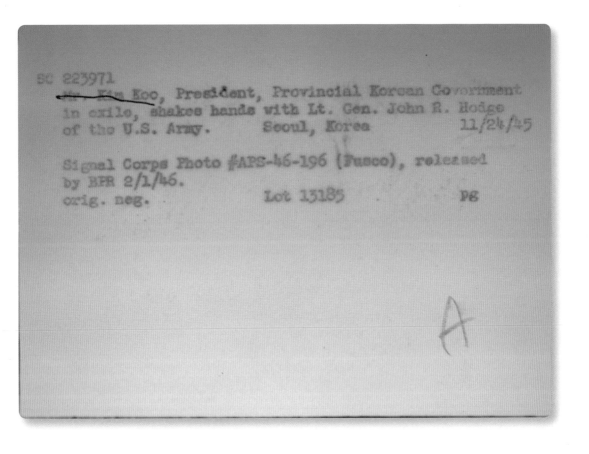

SC 223971
Mr. Kim Koo, President, Provincial Korean Government
in exile, shakes hands with Lt. Gen. John R. Hodge
of the U.S. Army.   Seoul, Korea   11/24/45

Signal Corps Photo #APS-46-196 (Fusco), released
by BPR 2/1/46.
orig. neg.   Lot 13185   PG

A

#SC 223971

이승만이 보는 가운데 김구와 주한미군사령관 하지 중장이 악수하는 모습

망명한 임시한국정부의 주석 김구가 미육군 하지 중장과 악수하고 있다.(1945. 11. 24 촬영, 국사
편찬위원회 소장)

* 해제: 먼저 귀국(1945.10.16)한 이승만의 소개로 서대문 경교장에서 임시정부 주석 김구와 주한미군
사령관 하지가 서로 인사하고 있다. 김구는 임정 요인 1진 15명과 함께 개인 자격으로 11월 23일 상하이
를 출발해 오후에 김포비행장에 도착해 곧바로 숙소인 죽첨장(竹添莊, 후에 경교장, 현 강북삼성병원
자리)으로 향했다. 이 사진은 김구 주석이 귀국한 다음날에 촬영되었다.

SC 223972

Mr. Rhee, Kim Koo and Lt. Gen. John R. Hodge, stand
left to right, in Mr. Kim Koo's office. Seoul, Korea.
11/24/45

Signal Corps Photo #APS-46-197 (Fumco), released
by BPR 2/1/46.
orig. neg.   Lot 13185   PG

A

#SC 223972

서대문 경교장에 모인 이승만과 김구, 하지 중장

왼쪽에서 오른순으로 이승만 박사, 김구 그리고 하지 중장이 김구씨의 사무실에 서 있다.(1945. 11. 24 촬영, 국사편찬위원회 소장)

* 해제: 여기서 말하는 김구씨의 사무실(Mr. Kim Koo's office)은 서대문 경교장을 말한다.

제II부

캠프서빙고와
한국현대사의
시작

XXIV-CORP-46-00036

SC 302993
XXIV-46-00036   16 JAN 46
SEOUL, KOREA
LT. GENERAL JOHN R. HODGE, COL GEN.
SHTIKOV OF THE RUSSIAN ARMY, AND
RUSSIAN WOMEN INTERPRETER, AT THE
FIRST FORMAL MEETING OF THE JOINT
AMERICAN-SOVIET COMMISSION OF KOREA.
PHOTOG. O'BRIEN

RELEASED FOR PUBLICATION
PUBLIC INFORMATION DIVISION
WAR DEPARTMENT, WASHINGTON

16412

#SC 302993
미소공동위원회 예비 회담(덕수궁 석조전)
미소공동위원회 첫 공식 회담에 참석한 하지(John R. Hodge) 중장, 소련군 대장 스티코프
(Shtikov) 그리고 러시아 여성 통역관.(1946. 1. 16 촬영)

XXIV-CORP-46-00037

```
SC 302994

XXIV 46-00037          16 JAN. 1946
LT. GENERAL JOHN R. HODGE, COL GEN.
SHTIKOV OF THE RUSSIAN ARMY, AND
RUSSIAN WOMEN INTERPERTER, AT THE
FIRST FORMAL MEETING OF THE JOINT
AMERICAN-SOVIET COMMISSION, OF KOREA.
PHOTOG. O'BRIEN

RELEASED FOR PUBLICATION
PUBLIC INFORMATION DIVISION          16412
WAR DEPARTMENT, WASHINGTON                    002
```

#SC 302994
미소공동위원회 예비회담에서 발언하는 스티코프 소련측 대표
미소공동위원회 첫 공식 회담에 참석한 하지(John R. Hodge) 중장, 소련군 상장 스티코프
(Shtikov) 그리고 러시아 여성 통역관.(1945. 1. 16 촬영)

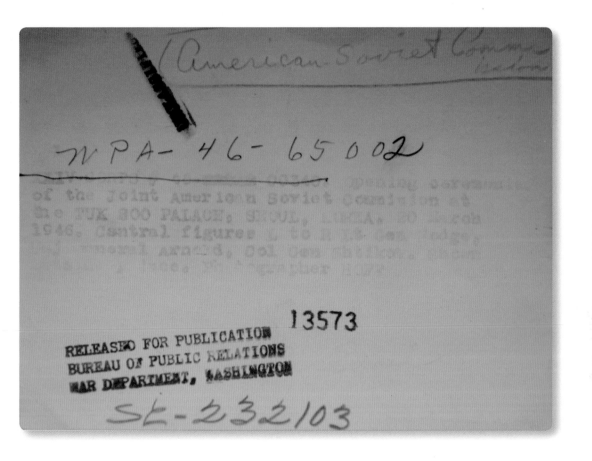

#SC 232103
제1차 미소공동위원회 개회식(덕수궁 석조전)
한국 서울 덕수궁에서 미소공동위원회 개회식. 1946년 3월 20일. 가운데 인물의 왼쪽에서
오른쪽으로 하지 중장, 아놀드 소장, 스티코프 상장. 이하 번역 불능(1946. 3. 20 촬영, 국사편찬
위원회 소장)

XX1V—
46-00598
SC 303002
FIRST STREAM LINE TRAIN BUILT IN KOREA
IN OVER 10 YEARS, JUST BEFORE LEAVING
ON TRIAL RUN. MAY 4, 1946, YOUNG SAN
STATION SEOUL, KOREA.
PHOTOG. MIXER

Railroads - Korea

RELEASED FOR PUBLICATION
PUBLIC INFORMATION DIVISION
WAR DEPARTMENT, WASHINGTON

16412

002

#SC 303002

용산역에서 출발하는 조선해방자호

1946년 5월 4일, 10년 만에 처음으로 생산된 유선형의 기관차가 시범 운행을 위해 막 서울
용산역에서 출발하고 있다.(1946. 5. 4 촬영)

Railroads - Korea

SC 303010.

XXIVCORPS-46-00595
SEOUL, KOREA.
FIRST STREAM LINE TRAIN BUILT IN
KOREA IN OVER 10 YEARS, TAKES
OFF FOR FUSAN ON TRIAL RUN, MAY
4, 1946, YOUNG SAN STATION SEOUL,
KOREA.
PHOTOG. MIXER

RELEASED FOR PUBLICATION
PUBLIC INFORMATION DIVISION
WAR DEPARTMENT, WASHINGTON

16412 002

#SC 303010

용산역에서 출발하는 조선해방자호

1946년 5월 4일, 10년 만에 처음으로 생산된 유선형의 기관차가 시범 운행차 부산을 향해
막 용산역에서 출발하고 있다.(1946. 5. 4 촬영)

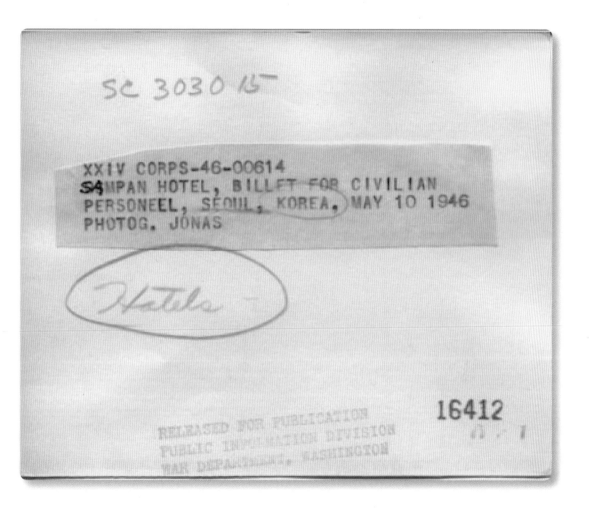

SC 303015

XXIV CORPS-46-00614
SAMPAN HOTEL, BILLET FOR CIVILIAN
PERSONEEL, SEOUL, KOREA, MAY 10 1946
PHOTOG. JONAS

Hotels

16412

RELEASED FOR PUBLICATION
PUBLIC INFORMATION DIVISION
WAR DEPARTMENT, WASHINGTON

SC 303015

용산 후암동에 있던 삼판호텔

한국 서울의 삼판호텔은 민간인을 위해 지었다. 1946년 5월 10일 촬영(1946. 5. 10 촬영)

　* 해제 : 삼판은 일제강점기 일본인들이 후암동을 '삼판통(三坂通: 미사카도리)'이라고 부른 데서 연유한다. 후암(厚岩)은 둥글고 두터운 큰 바위라는 뜻의 '두텁바위'의 한자이다. 삼판호텔은 제17방면군 사령부가 한강 이남을 거쳐 대전-부산을 거쳐 귀환한 이후까지 '일본군연락사무소'로 사용되었다.

SC 303016

XXIV—

46-00603   10 MAY 1946
KOREANS REPAIRING STREETS IN SEOUL,
KOREA.
PHOTOG. MIXER

Korea - People - Working
1946

RELEASED FOR PUBLICATION
PUBLIC INFORMATION DIVISION
WAR DEPARTMENT, WASHINGTON

213

#SC 303016
도로 보수와 구경꾼들
한국인이 서울에서 도로를 보수 중이다.(1946. 5. 10 촬영)

485

Korea - Firemen

SC 303045

7TH DIV-47-00003   31 DEC. 1946
FIRE AT THE SEVENTH INFANTRY DIVISION
FIRE HOUSE NO. 2 LOCATED ON HOURGLASS
RD. 31 DECEMBER 1946.
PHOTOG. BYERS

RELEASED FOR PUBLICATION
PUBLIC INFORMATION DIVISION
WAR DEPARTMENT, WASHINGTON

16412

#SC 303045

미군 제 7 보병사단 소방서 건물 화재

미군 제7보병사단 모래시계길에 위치한 소방서 제2호동 건물의 화재.(1946. 12. 31 촬영)

171

#SC299188

미군 제7보병사단 31보병연대 장병과 군 위문단 여성들
미군 제7보병사단 31보병연대 체육관에서 블루머 걸 농구팀과 군 위문단팀의 단체 사진
(1947. 1. 17 촬영)

8

Korea - Firemen

XXIV-47-M-159-1   SC 303071
                       25 MARCH 47
SEOUL, KOREA.
FIRESAT 31ST. INFANTRY MAINTENENCE
SHOP. THE 7TH DIV FIRE DEPT. AND
ONE LINE OF THE HUNG SUN AND TWO
LINES OF THE KOREAN SEOUL DEPT.
HELPED PUT OUT THE BLAZE. THE
BUILDING WAS COMPLETELY DESTROYED.
(SIG. CORPS PHOTO)
PHOTOG. WARNEKE 123 SIG. PHOTO DET.

RELEASED FOR PUBLICATION
PUBLIC INFORMATION DIVISION
WAR DEPARTMENT, WASHINGTON

16412

#SC 303071

제31보병연대 정비고에서 발생한 화재

제31보병연대 정비고 화재. 미군 제7보병사단 소방서와 홍선(Hung Sun)의 1개 팀 그리고 서울
소방서의 2개 팀이 함께 화재진압을 도왔다. 건물은 완전히 전소되었다.(1947. 3. 25 촬영)

* 해제 : 당시 화재가 발생한 이곳은 오늘날 전쟁기념관의 북문 옆으로 용산 미군기지 안쪽이다. 건물
  옆으로 흐르는 하천이 만초천 지류다.

8

Korea —
Firemen

SC 303072

XXIV-47-M-159-2   25 MARCH 47
SEOUL, KOREA.
FIRE AT 31ST INFANTRY MAINTENANCE SHOP.
THE 7TH DIV. FIRE DEPT. AND ONE LINE OF
THE HUNG SUN AND TWO LINES OF THE KOREAN
SEOUL DEPT. HELPED PUT OUT THE BLAZE.
THE BUILDING WAS COMPLETELY DESTROYED.
(SIG. CORPS PHOTO)
PHOTOG. WARNEKE 123 SIG. PHOTO DET.

RELEASED FOR PUBLICATION
PUBLIC INFORMATION DIVISION   16412
WAR DEPARTMENT, WASHINGTON

#SC 303072
제31보병연대 정비고에서 발생한 화재를 진압 중인 소방대원들
제31보병연대 정비고 화재. 미군 제7보병사단 소방서와 흥선(Hung Sun)의 1개 팀 그리고
서울소방서의 2개 팀이 함께 화재진압을 도왔다. 건물은 완전히 전소되었다.
(1947. 3. 25 촬영)

H.K. XXIV 47-M-223-3   1 MAY 1947
SEOUL, KOREA.
THE FAST COMFORTABLL "LIBERATOR"
TRAIN PULLING INTO YUNG-SAN STA.
ON ITS FIRST COUTHWARD JOURNEY
SINCE THE FLOODS OF 46 MADE RAIL
CONDITIONS IMPOSSIBLE FOR FAST
TRAVEL. TRAIN CONCEIVED BY LT.
GEN. JOHN R. HODGE, CONSISTS OF
1 BAGGAGE CAR, 1 CARS FOR AMERICANS S
A KOREAN FIRST CLASS CAR, A KOREAN
DINER, AND A KOREAN OBSERVATION CAR.
TRAIN RUNS DAILY BETWEENS SEOUL AND
PUSAN (10 HRS 5 MIN) AND 4 TIMES A
WEEK TAKES 40 G.I. TO PUS AN FOR T.D.Y.
TO JAPAN. .
[SIG. CORPS. PHOTO)
PHOTOG. H. KALB 123 SIG. PHOTO DET.

Railroads - Korea

16412 0 0 2

#SC 303126

열차 조선해방자호

1946년 수해로 철로가 유실되어 열차운행이 중지된 이후 처음으로 영등포역에서 남쪽으로 출발하는 조선해방자호 여객 열차 내부 모습. 열차는 하지 중장 전용 객실 1량, 미국인 전용 객실 2량, 한국인 전용 객실 5량, 한국인 식당차 1량, 한국인 1등석 객실 1량, 한국인 전망차 1량으로 구성되었다. 서울에서 부산까지 매일 운행하며(10시간 5분 소요) 부산에서 일본으로 출장을 가는 40명의 장병을 위해 주 4회 운행되었다.(1947. 5. 1.촬영)

Railroads - Korea

SC 303128

H.K. XXIV-47-M-223-5   1 MAY 1947
SEOUL, KOREA
THE FAST COMFORTABLE "LIBERATOR"
TRAIN AT YUNG-DUNG-PO ON ITS FIRST
SOUTHWARD JOURNEY SINCE THE FLOODS
OF 46 MADE RAIL CONDITIONS IMPOSS-
IBLE FOR FAST TRAVEL. TRAIN WAS
CONCEIVED BY LT. GEN. JOHN R. HODGE
CONSISTS OF BAGGAGE CAR, 1 AMERICAN
CARS, 5 KOREAN COACHES, KOREAN DIN-
ER, KOREAN FIRST CLASS CAR, AND A
KOREAN OBASERVATION CAR. TRAIN RUNS
DAILY BETWEEN SEOUL AND PUSAN (10 HRS
5 MIN) AND 4 TIMES WEKLY TAKES 40
SOLDIERS TO PUSAN FOR T.D.Y. TO
JAPAN. INTERIOR OF KOREAN FIRST
CLASS COACH SHOWN. (SIG CORPS PHOTO)
PHOTOG. H. KALB 123 SIG. PHOTO DET.
RELEASED FOR PUBLICATION
PUBLIC INFORMATION DIVISION 16412

SC 303128

조선해방자호 여객 열차 내부 모습

1946년 수해로 철로가 유실되어 열차운행이 중지된 이후 처음으로 영등포역에서 남쪽으로 출발하는 조선해방자호 여객 열차 내부 모습. 열차는 하지 중장 전용 객실 1량, 미국인 전용 객실 2량, 한국인 전용 객실 5량, 한국인 식당차 1량, 한국인 1등석 객실 1량, 한국인 전망차 1량으로 구성되었다. 서울에서 부산까지 매일 운행하며(10시간 5분 소요) 부산에서 일본 출장을 가는 40명의 장병을 위해 주 4회 운행되었다. 사진은 한국인용 1등석 객실 내부 모습을 보여줌(1947. 5. 1 촬영)

HH XXIL CORPS 47-M-223-6

182

SC 303127
H.K. XXIV 47-M-223-6   1 MAY 1947
SEOUL, KOREA.
THE FAST COMFORTABLE "LIBERATOR"
TRAIN AT YUNG-DUNG-PO ON ITS FIRS
SOUTHWARD JOURNEY SINCE THE FLOODS
OF 46 MADE RAIL CONDITIONS
IMPOSSIBLE FOR FAST TRAVEL. TRAIN
WAS CONCEIVED BY LT. GEN. JOHN R.
HODGE CONSISTS OF BAGGAGE CAR,
TWO AMER. CARS, 5 KOREAN COACHES,
KOREAN DINER, KOREAN FIRST CLASS
CAR, AND A KOREAN OBSERVATION CAR.
TRAIN RUNS DAILY BETWEEN SEOUL
AND PUSAN (10 HRS 5 MIN) AND 4 TIMES
WEEKLY TAKES 40 SOLDIERS TO PUSAN
FOR T.D.Y. TO JAPAN. INTERIOR OF KB
KOREAN OBSERVATION CAR SHOWN.
(SIG. CORPS PHOTO)
PHOTOG. H. KALB 123 SIG. PHOTO DET.
PUBLIC INFORMATION DIVISION
WAR DEPARTMENT, WASH 16412 002

#SC 303127

조선해방자호 한국인용 전망칸 내부

1946년 수해로 철로가 유실되어 열차운행이 중지된 이후 처음으로 영등포역에서 남쪽으로 출발하는 조선해방자호 여객 열차 내부 모습. 열차는 하지 중장 전용 객실 1량, 미국인 전용 객실 2량, 한국인 전용 객실 5량, 한국인 식당차 1량, 한국인 1등석 객실 1량, 한국인 전망차 1량으로 구성되어있고, 서울에서 부산까지 매일 운행하며(10시간 5분 소요) 부산에서 일본으로 출장을 가는 40명의 장병을 위해 주 4회 운행되었다. 사진은 한국인용 전망차 내부 모습.(1947. 5. 1 촬영)

SC 303125

_SE 303125_

R.E. XXIV—
47-M-209-11   _1947_   1 MAY 1947
SEOUL, KOREA.
REVIEW OF THE 7TH DIV. ARMY. AT THE
ARMY. THEATER BEFORE MAJ. GEN.
BRUCE, COMMANDING GEN. OF THE 7TH DIV.,
AND 13 MEN WHO WERE DECORATED BY HIM
WITH AMERICAN DEFENSE MEDALS, WORLD
WAR TWO VICTORY MEDALS, AND ONE WORLD
WAR TWO OCCUPATION MEDAL, RESPECTIVELY.
(SIG. CORPS PHOTO)
PHOTOG. BLOOMFIELD 123 SIG PHOTO DET.

RELEASED FOR PUBLICATION
PUBLIC INFORMATION DIVISION   16412   002
WAR DEPARTMENT, WASHINGTON

SC 303125

훈장을 받은 13명의 미군 장병

미군 제7보병사단 부대 극장 앞에서 사열장면. 미군 제7보병사단장 브루스 소장이 수여한 훈장을 받은 13명의 장병들, 훈장은 미국 방어 훈장, 세계 2차 대전 승리 훈장, 그리고 2차 세계대전 점령 메달이다.(1947. 5. 1 촬영)

* 해제 : 이곳은 일본군 제79보병연대가 있던 자리로 현재는 전쟁기념관이 들어서 있다 .

SC 284518

Lt. Gen. John R. Hodge, CG, United States Army Forces
In Korea, stands between Col. Gen. T. F. Shtikov,
Soviet Delegation Head, and Major General Albert E.
Brown, Chief U. S. Commissioner, right, all of whom
are attending the United States-Union of Soviet
Socialist Republics meetings in Seoul, Korea.
24 May 47

Signal Corps Photo #FEC-47-74934 (Bill Buerkle)
released by Public Info Div 17 June 47
Orig Neg   Lot 14802   1f

SC 284518

제2차 미소공동위원회 개최 축하연에서 하지 중장과 미소 대표

주한미군사령관 하지 중장이 소련군 대표단 수석 스티코프 상장과 미국측 수석 대표 브라운 소장 사이에 서 있다. 그들 모두 한국 서울에서의 미소공동위원회에 참가 중이다.

(1947. 5. 24 촬영, 국사편찬위원회 소장)

*해제: 제2차 미소공동위원회는 5월 21일 시작되어 10월 18일 미국이 중단을 제의할 때까지 모두 62회 본회의를 열었다. 사진은 미국측 대표인 앨버트 브라운 소장의 필동 관저에서 열린 축하연 때 찍었다.

SC 284520
Col. Gen. T. F. Shtikov, Chief Commissioner of
the Soviet Delegation, left, and Maj. Gen. Albert
E. Brown, U. S. Chief Commissioner, right, discuss
the meetings of the United States-Union of Soviet
Socialist Republic Joint Commission held in Seoul,
Korea. 24 May 47

Signal Corps Photo #FEC-47-74936(Bill Buerkle) releas-
ed by Pub Info Div 17 June 47
Orig Neg   Lot 14802   lf

#SC 284520

제2차 미소공동위원회 개최 축하연에서 미소 대표

소련측 수석 대표 스티코프 상장(왼쪽)과 미국측 수석대표 브라운 소장(오른쪽)이 한국 서
울에서 미소공동위원회 회의를 토의하고 있다.(1947. 5. 24 촬영, 국사편찬위원회 소장)

*해제: 제2차 미소공동위원회는 5월 21일 시작되어 10월 18일 미국이 중단을 제의할 때까지 모두 62회
본회의를 열었다. 사진은 미국측 대표인 앨버트 브라운 소장의 필동 관저에서 열린 축하연 때 찍었다.

27 OCT 47

INFORMATION AND EDUCATION PROJECT:

PICTURED HERE IS THE POST THEATER OF
THE 31ST INF. REGT. IN SEOUL, KOREA.
THESE PICTURES WERE TAKEN FOR THE
INSPECTING OFFICER, BRIG. GEN. PAUL
KELLY, DURING AN INSPECTION TOUR OF
SPECIAL SERVICES FACILITIES IN KOREA.

PHOTOGRAPHER-THETFORD

PHOTOGRAPH BY U. S. ARMY SIGNAL CORPS.

RELEASED FOR PUBLICATION
PUBLIC INFORMATION DIVISION
WAR DEPARTMENT, WASHINGTON

15571

#SC 294255

미군 제31보병연대 부대 극장

사진은 미군 제31보병연대 부대 극장 모습이다. 사진들은 준장 Paul Kelly가 한국의 특수 근무 시설을 시찰하는 동안에 촬영되었다. (1947. 10. 27 촬영)

* 해제: 사진에서 보이는 부대 극장은 원래 일본군 제79보병연대 장교집회소였다. 이곳에는 메인포스트 R&R Bar and Grill이 있다.

CEC-47-01295   27 OCT 47

INFORMATION AND EDUCATION PROJECT:

PICTURED HERE IS THE HOURGLASS SERVICE
CLUB OF THE 7TH INF. DIV. HQ'S IN SEOUL,
KOREA.   THESE PICTURES WERE TAKEN FOR
THE INSPECTING OFFICER, BRIG. GEN. PAUL
KELLY, DURING AN INSPECTION TOUR OF
SPECIAL SERVICES FACILITIES IN KOREA.

PHOTOGRAPHER-THETFORD

. PHOTOGRAPH BY U.S. ARMY SIGNAL CORPS.

RELEASED FOR PUBLICATION
PUBLIC INFORMATION DIVISION
WAR DEPARTMENT, WASHINGTON.

SC 294260
미군 제7보병사단 사령부 모래시계 클럽
사진은 미군 제7보병사단 사령부 모래시계 클럽 모습이다. 사진들은 Paul Kelly 준장이 한국
의 특수 근무 시설을 시찰하는 동안에 촬영하였다.(1947. 10. 27 촬영)
 * 해제: 이 건물에는 일본군 장교클럽인 해행사(偕行社)가 있었다. 미군 제7보병사단은 이곳을 모래시
계 클럽(Hourglass Club)이란 이름으로 운영하였다.

SC 301003
Brigadier General Harlan N. Hartness, CG, 7th
Division, presents the colors of the 31st Infantry
Regiment which were lost during World War II to
Colonel A. Roland, CO, 31st Infantry Regiment.
Seoul, Korea.   2 January 1948

Signal Corps Photo #XXIV CORPS-48-0016 (Seconder)
Released by Pub. Info. Div. 18 June 1948.
Orig. neg.   Lot 16075   ms

\# SC 301003

되찾은 제31보병연대 군기

미군 제7보병사단장 Harlan N. Hartness 준장이 제2차 세계대전 당시 적에게 빼앗겼던 제31보
병연대의 군기를 연대장 A. Ronald 에게 수여하고 있다.

(1948. 1. 2 촬영, 국사편찬위원회 소장)

Se· 301 005

31ST INF REGT   SEOUL KOREA
0021   2 JAN 1948
                PHOTOG, SECONDER
                123RD SIGNAL PHOTO DET
                XXIV CORP

ROAD PATROL   XXKKX THROUGH OUT SOUTHERN
KOREA CHECKING KOREAN VILLAGES FOR MEDICAL
TREATMENTS AND FOOD PROBLEMS

Korea People's

16075
RELEASED FOR PUBLICATION
PUBLIC INFO   ION
WAR DEPARTMENT, WASHINGTON

#SC 301005

마을을 순찰 중인 미 제31보병연대원

의료 조치와 식량 문제를 점검하며 한국의 남쪽 일대를 순찰하고 있다.(1948. 1. 2 촬영, 국사편
찬위원회 소장)

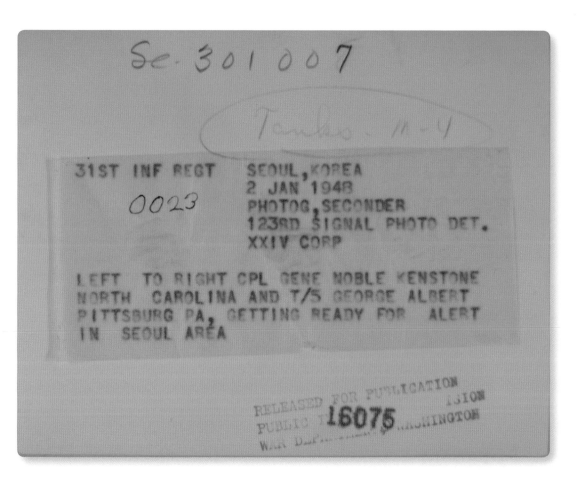

#SC 301007

탱크에서 비상 대기 중인 미군 제31보병연대 장병들

왼쪽에서 오른쪽으로 Gene Noble(노스캐롤라이나 켄스톤) 상병, T/5(기술병과 상병) George Albert(펜실베니아주 피츠버그)가 서울지역의 비상 상황에 대비하여 대기 중이다 .

(1948. 1. 2 촬영, 국사편찬위원회 소장)

 * 해제 : T / 5 에서 'T'는 기술병과를 뜻하는 Technician의 약자로 T/5는 Tech 5th Class이며 한국군의 상병(Corporal) 계급에 해당한다. 즉 기술병과의 상병에 해당한다.

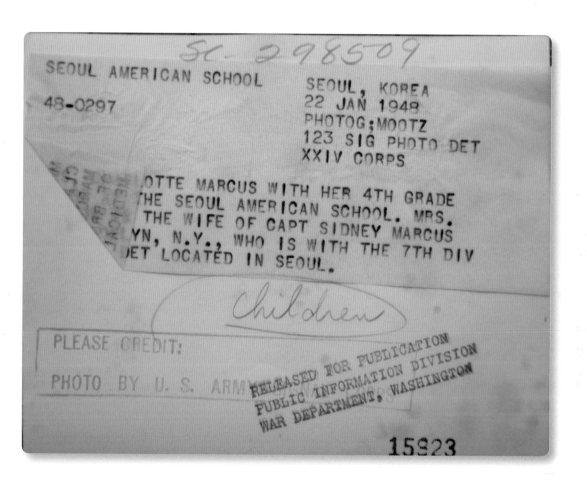

#SC 298509

서울 미국인학교 수업 광경(1948. 1. 22 촬영, 국사편찬위원회 소장)

* 해제 : 캡션 용지가 접혀있어 전체를 정확히 번역할 수 없지만 제7보병사단 미국인학교에서 수업을
받고 있는 장면이다. 미국인학교의 건물은 일본군 미20사단사령부의 청사였다.

SC 299368
7TH DIV SCHOOL   SEOUL, KOREA
                        5 MAR 1948
48-0507   PHOTOG. RANDALL
                        123 SIG PHOTO

SUPERVISING THAT THE STUDENTS ARE
RECEIVING THE PROPER AMOUNT OF FOOD
IS S/SGT J.C.WHINNERY, MESS STEWARD
7TH DIV DEPT SCHOOL. WHILE PFC R.S.
HICKMAN COOK AT THE SCHOOL GIVES MISS
NANNETTE POLLACK SOME SALAD, MISS MARY
SUE TATUM HELPS HERSELF TO SOME BREAD.
MISS POLLACK IS THE DAUGHTER OF MR.
POLLACK HEAD OF PUBLIC WORKS DEPT. AND
MISS MARY IS THE DAUGHTER OF MAJOR
TATUM, ADWISORY TO THE   S AGRI-
CULTURE.

#SC 299368

미군 제7보병사단 학교의 식사

학생들이 식사의 정량을 받아가는지 감독하는 제7보병사단 부속 학교 J.C.Whinnery 하사. R.S.Hickman 일병은 요리를 담당했고, Nannette Pollack은 샐러드 배식을, Mary Sue Tatum은 빵 배식을 담당했다. 폴랙(Pollack)양은 공공시설부장의 딸이며 메리(Mary)양은 농무국 고문 테이텀 소령의 딸이다.(1948. 3. 5 촬영, 국사편찬위원회 소장)

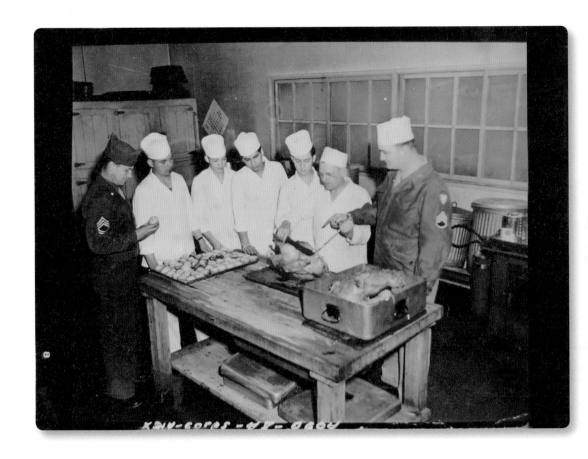

```
7  Div  rty:        Seoul, Korea
                    5 march 48
 48-0604            Photog: Randall
                    123 Sig  hoto Det
                    XXIV Corps             Cooking

    Umm, turkey and corm bread muffins..
 Thats the menu for  en at the corps
 C entral School where men attending the
 Cooks and Bakers school prepare the
 food.. Shown in this photo are student
 and instructors of that course. E to R
 T/sgt Lenored Cockrane, supervisor of th
 schoolfrom Melvery, K  and as; T/5 Ben
 A nderson of Richland, Wisc..; Pfc  obert
 Daniel of M  emphis T  enn; Pfc L   uis
 F imbres of Tuzon, Arizpna; Pfc  obert
 G   ates of north Kansas city, Missoirl.
 and mess sergant S /sgt Nich  iskosky
 of  ichiville,  enna.              !6067
```

SC 299675

미군 제7보병사단 포병대 내 요리학교

음(Umm), 칠면조 그리고 옥수수 빵 머핀. 이것은 제빵사 학교에 다니는 장병들이 군단 중앙 학교 장병들을 위해 준비한 음식 메뉴다. 이 사진에 보이는 것은 그 과정의 학생과 강사들이 다. 왼쪽부터 감독관 Lenored Cockrane 하사(캔사스주 멀베리), T/5 Ben Anderson(위스콘신 주 리치랜드), Robert Daniel 일병(테네시주 멤피스), Louis Fimbress 일병(아리조나주 투존), Robert Gates 일병(미조리주 북캔사스시), Nich Aiskosky 하사(펜실베니아주 리치빌).(1948. 3. 5 촬영, 국사편찬위원회 소장)

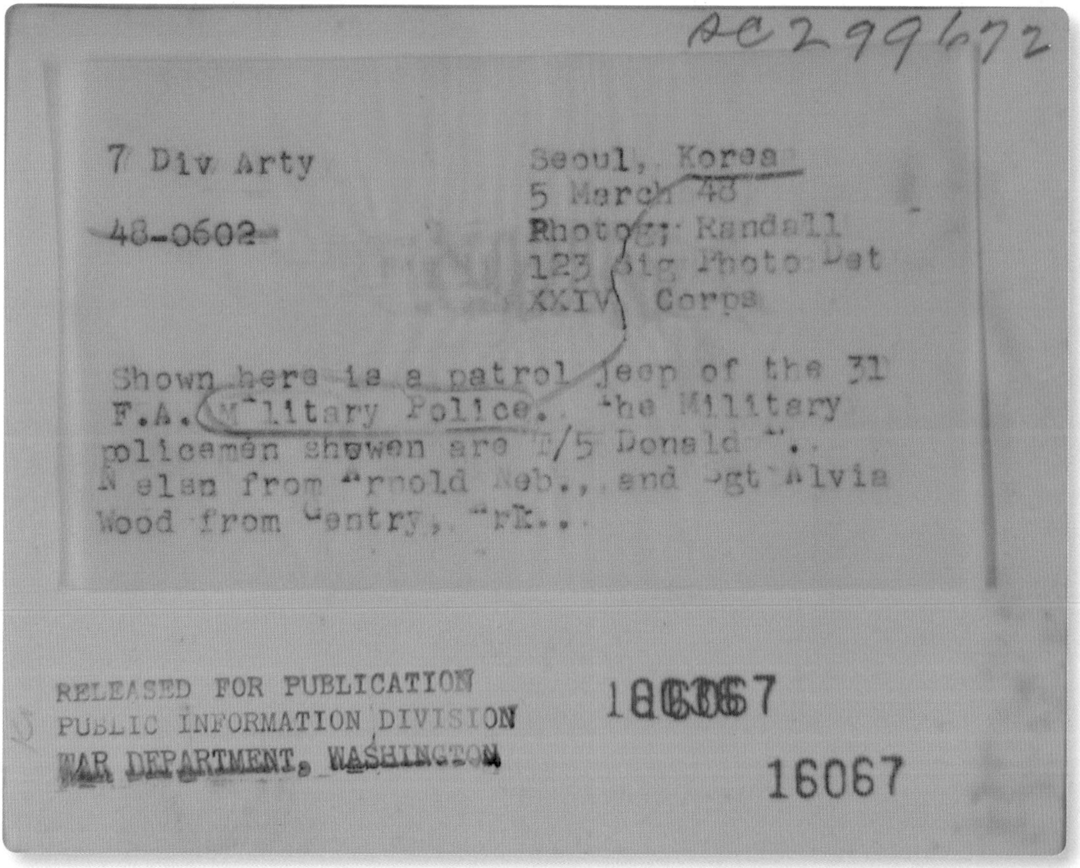

SC 299672

```
7 Div Arty                  Seoul, Korea
                            5 March 48
48-0602                     Photog; Randall
                            123 Sig Photo Det
                            XXIV Corps

Shown here is a patrol jeep of the 31
F.A. Military Police.  The Military
policemen showen are T/5 Donald N.
Nelsn from Arnold Neb., and Sgt Alvia
Wood from Gentry, Ark.
```

```
RELEASED FOR PUBLICATION
PUBLIC INFORMATION DIVISION        16067
WAR DEPARTMENT, WASHINGTON
                                   16067
```

SC 299672

제7보병사단 31야전포병대대 소속 헌병과 순찰차 모습

이것은 제31야전포병대대 헌병 순찰차 모습이다. 기술병과 상병 Donald Nelsn(네브라스카 주 아놀드) 그리고 병장 Alvia Wood(알칸사스주 젠트리)(1948. 3. 5 촬영)

*해제: 지프차 창문에 영어로 "MILITARY POLICE 31F"로 쓰인 것은 '제31야포대대 헌병'이라는 뜻이며 영어 캡션 좌측 상단 "7 Div Arty"는 제7보병사단 포병대라는 뜻이다.

```
ac299676

7 Div Arty                    Seoul, Korea
                              5 March 48
48-0606                       Photog: Randall
                              123 Sig Photo Det.
                              XXIV Corps

57th F.A. Battalion, gun crew in action,
S/sgt George McComb of Booneville, Miss
Sgt Bruce Johnson, San Francisco, Calif,
Pfc Dayton Credille, Belmont Miss, Sgt Joe
Williams, Belmont Miss, Pfc Jose Archuleta, xxjxxx
Lajara Colol...

RELEASED FOR PUBLICATION 16067
PUBLIC INFORMATION DIVISION              18036
WAR DEPARTMENT, WASHINGTON
```

#SC 299676

제7보병사단 570야전포병대대에서의 훈련 장면

제57야전포병대대 포병들의 훈련 장면. George McComb 하사, Bruce Johnson 병장, Dayton Credille 일병, Joe Williams 병장, Jose Archulets 일병의 모습.(1948. 3. 5 촬영)

* 해제: 이곳은 일제강점기 일본군 제26포병연대 부지로 오늘날의 용산 미군기지의 캠프코이너 지역이다.

299560

XXIV-48-0656

11

SC 299560
Major General John B. Coulter, GS, 7th
Infantry Division, from San Antonio,
Texas, a member of the Regular Army since
1912. Seoul, Korea. 13 March 1948.

Signal Corps Photo/XXIV Corps-48-0456 (Fisher)
Released by Pub. Info. Div. 30 April 1948
Orig. Neg. Lot 16036

#SC 299560

미군 제7보병사단장 존 쿨터 소장

1912년 이래 직업군인으로 텍사스 샌안토니오 출신 미 제7보병사단장 John B. Coulter소장
(1948. 3. 13 촬영, 국사편찬위원회 소장)

* 해제: 미군 제7보병사단장 쿨터 소장은 대한민국 정부가 수립됨에 따라 하지 장군이 한국을 떠난 직후인 8월 24일 주한미군 사령관으로 임명되었다. 쿨터 장군은 6·25전쟁 때 미군 제9군단장으로 후방 지역 평정 작전과 중공군 개입 이후 청천강전투에서 싸웠고, 나중에는 미육군 제8군 부사령관 직을 맡아 활약하였다. 휴전 후에는 UNKRA(국제연합한국재건단) 단장을 맡는 등 한국의 전후 재건과 복구를 위해 노력하였다.

XXIU-48-0688

SEOUL, KOREA
18 MARCH 1948
PHOTOG ; FISHER
123 SIG PHOTO DET.
MAJ MATTHEW J KOWALSKY (RACINE, WIS)
WELCOMES A GROUP OF NEW "STATESIDE"
REPLACEMENTS TO THE 7 MED BN.

PLEASE CREDIT:
16068
PHOTO BY U.S. ARMY SIGNAL CORPS

RELEASED FOR PUBLICATION
PUBLIC INFORMATION DIVISION
WAR DEPARTMENT, WASHINGTON

SC 299584
환영받는 제7의무대대 보충병들
Matthew J Kowalsky(위스콘신 라신) 소령이 미군 제7의무대대에 배속된 미국 보충병들을
환영하고 있다.(1948. 3. 5 촬영)
* 해제: 오늘날 용산 미군기지의 메인포스트 일대다. 보충병들 너머 보이는 붉은 벽돌 막사는 지금도 그
대로 남아있다.

213

214

SEOUL, KOREA
18 MARCH 1948
PHOTOG : FISHER
123 SIG PHOTO DET
XXIV-48-0684
1948
BASEBALL TEAM OF 7 MED BN. AT LEFT
TEAM IS COACK CAPT D. DAVIDSON, NYC,
AND ON RIGHT IS 7 MED BN SSO, CAPT.
DOUGLAS CHESHIRE, SAN ANTONIO, TEXAS
FRONT ROW, L TO R: PVT E.M. PAVELETZ
NANTICOKE, PA, PFC J.P. LOPEZ, NIAGA
FALLS, NY, T/5 W.E. SWAN, HARDIN, IL
PVT N.G. COFFEY, CRANSTON, R.I., AND
CPL E. SODUSKY OF BROWSVILLE, PA.
STANDING ARE: CAPT DAVIDSON, PFC T.C.
MONCZUNSKI, LUDINGTON, MICH., T/4 A.
NORRIS, ATLANTA, GA, T/4 P. FRANCETI
McKEESPORT, PA, PFC J.E. ADAMS, ASH.
LAND, KY., AND CPL W.E. BORK, WAUKES.
A, WIS.
PHOTO BY U. S. ARMY SIGNAL CORPS

SC 299585

제7의무대대 농구팀(1948. 3. 18 촬영)

* 해제: 팀원 이름만 있어 번역을 생략함.

XXIU-48-0685

SC 299586
18 MARCH 1948
PHOTOG : FISHER
123 SIG PHOTO DET

SEOUL, KOREA
18 MARCH 1948
PHOTOG : FISHER
123 SIG PHOTO DET

MEMBERS OF THE 7 MED BN COLLECTING CO
RECEIVING INSTRUCTION IN AMBULANCE
LOADING.

PLEASE EDIT!

PHOTO BY U. S. ARMY SIGNAL

Medical - Collection Stations

16068

RELEASED FOR PUBLICATION
PUBLIC INFORMATION DIVISION

#SC 299586

부상병의 구급차 수송 훈련을 하는 제7의무대대

미군 제7의무대대 장병들이 구급차에 부상병 싣는 요령을 배우고 있다.(1948. 3. 18촬영)

218

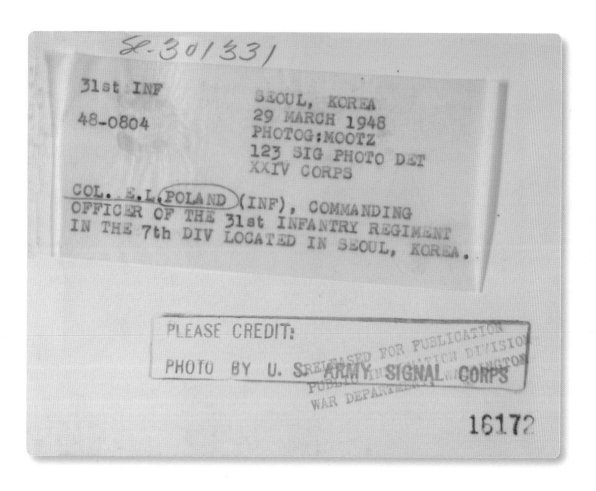

SC·301331

31st INF

48-0804

SEOUL, KOREA
29 MARCH 1948
PHOTOG:MOOTZ
123 SIG PHOTO DET
XXIV CORPS

COL. E.L. POLAND (INF), COMMANDING
OFFICER OF THE 31st INFANTRY REGIMENT
IN THE 7th DIV LOCATED IN SEOUL, KOREA.

PLEASE CREDIT:

PHOTO BY U. S. ARMY SIGNAL CORPS

RELEASED FOR PUBLICATION
PUBLIC RELATION DIVISION
WAR DEPARTMENT WASHINGTON

16172

#SC 301331

미군 제7보병사단 31보병연대의 폴란드 연대장

서울에 위치한 미군 제7보병사단 31보병연대장 E.L.Poland 대령(보병)(1948. 3. 29촬영, 국사편찬위원회 소장)

* 해제: 미군 제7보병사단 31보병연대 본부의 주둔지는 일본군 제79보병연대가 주둔했던 자리이며, 이후 육군본부가 들어섰다가(1955~1989) 현재는 전쟁기념관이 들어서 있다.

220

ARBOR DAY
48-0830

SEOUL, KOREA
5 APRIL 48
PHOTOG: BUERKLE
123D SIG PHOTO DET
XXIV CORPS
MAJ GEN WILLIAM F. DEAN MILITARY GOVERNOR
TO KOREA PLANTS ONE OF THE ONE MILLION
TREES PLANTED THROUGHOUT SOUTH KOREA ON
SHIK MOK IL TREE PLANTING DAY. AS KOREANS
TOOK HOLIDAY IN ALL OUT EFFERR TO COMBAT
SOIL EROSION. THIRS ANNIVERSARY OF KOREAN
ARBOR DAY WHICH WAS INAUGURATED FIRST YEAR
OF LIBERATION. ARBOR DAY CEREMONIES WERE
HELD ON NAN SAM MOUNTAIN WHERE 26,000 TREES
WILL BE PLANTED.

RELEASED FOR PUBLICATION
PLEASE CREDIT: PUBLIC INFORMATION DIVISION
WAR DEPARTMENT, WASHINGTON
PHOTO BY U. S. ARMY SIGNAL CORPS

SC 299864

식목일에 나무를 심는 미군정 장관 딘 소장

미군정 장관 딘(William F. Deam) 소장이 식목일에 남한 전역에 심어진 100만 그루의 나무들 중 한 그루를 심었다. 한국인들은 휴일을 맞이해 토양의 침식을 막기 위해 모든 노력을 다했다. 한국의 첫 번째 식목일 기념일. 26,000 그루의 나무를 심을 예정인 남산에서는 식목일 행사가 열렸다.(1948. 4. 5 촬영, 국사편찬위원회 소장)

* 해제: 미군정장관 딘 소장은 그해 8월 15일 대한민국정부가 수립되자 군정장관 직에서 물러나 미군 제7보병사단에 복귀해 사단장에 취임하였다. 6.25전쟁 때는 맨 처음 투입된 부대인 제8군 24사단장을 맡아 활약하다가 대전에서 북한군에 붙잡혀 포로가 되었다. 정전협정 직후 포로교환 때 돌아온 불운의 장군이었다.

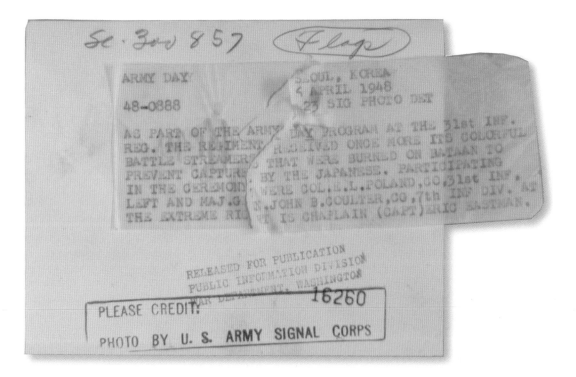

ARMY DAY   SEOUL, KOREA
                           4 APRIL 1948
48-0888   23 SIG PHOTO DET

AS PART OF THE ARMY DAY PROGRAM AT THE 31st INF.
REG. THE REGIMENT RECEIVED ONCE MORE ITS COLORFUL
BATTLE STREAMERS THAT WERE BURNED ON BATAAN TO
PREVENT CAPTURE BY THE JAPANESE. PARTICIPATING
IN THE CEREMONY WERE COL. E.L. POLAND, CO. 31st INF.,
LEFT AND MAJ.GEN. JOHN B. COULTER, CG, 7th INF DIV. AT
THE EXTREME RIGHT IS CHAPLAIN (CAPT) ERIC EASTMAN.

RELEASED FOR PUBLICATION
PUBLIC INFORMATION DIVISION
WAR DEPARTMENT, WASHINGTON

PLEASE CREDIT: 16260

PHOTO BY U. S. ARMY SIGNAL CORPS

SC 300857

육군기념일 기념식에서 바탄전투 때 불타버린 군기를 받는 미군 제31보병연대
미군 제31보병연대의 육군기념일 기념식의 일환으로 연대는 바탄전투 당시 일본군에게 빼앗
기지 않으려고 불타버린 군기를 다시 한 번 받고 있다. 왼쪽부터 제31보병연대장 E.L.Poland
대령, 제7보병사단장 John B. Coulter 소장, 군목 Eric Eastman 대위.(1948. 4. 6 촬영)
 * 바탄전투 (Battle of Bataan, 1942. 1 .31~2.21) : 일제가 필리핀을 점령하기 위한 의도로 침공한 필리
핀 점령 계획의 일부이며, 바탄 죽음의 행진 등 일본군의 전쟁범죄를 여실히 노출한 전투였다. 일본은
필리핀을 수중에 넣고 남태평양 침공을 위한 전진기지로 사용하였다.

XXIV-48-0889

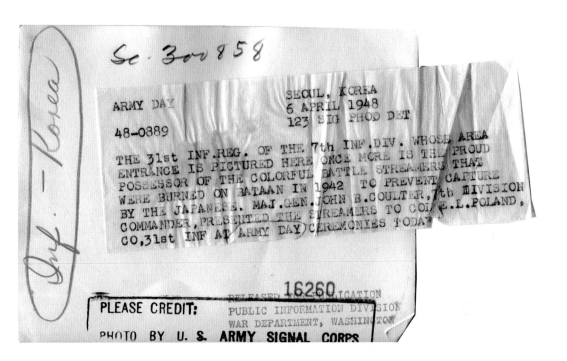

Sc. 300858

ARMY DAY

48-0389

SEOUL, KOREA
6 APRIL 1948
123 SIG PHOD DET

THE 31st INF.REG. OF THE 7th INF.DIV. WHOSE AREA
ENTRANCE IS PICTURED HERE ONCE MORE IS THE PROUD
POSSESSOR OF THE COLORFUL BATTLE STREAMERS THAT
WERE BURNED ON BATAAN IN 1942 TO PREVENT CAPTURE
BY THE JAPANESE. MAJ.GEN.JOHN B.COULTER,7th DIVISION
COMMANDER,PRESENTED THE STREAMERS TO COL.E.L.POLAND,
CO,31st INF AT ARMY DAY CEREMONIES TODAY.

16260
RELEASED FOR PUBLICATION
PLEASE CREDIT: PUBLIC INFORMATION DIVISION
WAR DEPARTMENT, WASHINGTON
PHOTO BY U. S. ARMY SIGNAL CORPS

#SC 300858

미군 제7보병사단 31보병연대 주둔지 입구 전경

제31보병연대는 1942년 (필리핀) 바탄전투에서 일본군에게 빼앗기지 않으려고 불에 탄 군
기를 지켜낸 자랑스러운 군기 소유자이다. 육군기념일에 제7보병사단장 John B. Coulter 소
장이 제31보병연대장 E.L.Poland 대령에게 장식용 띠를 선사하였다.(1948. 4. 6촬영)

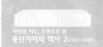

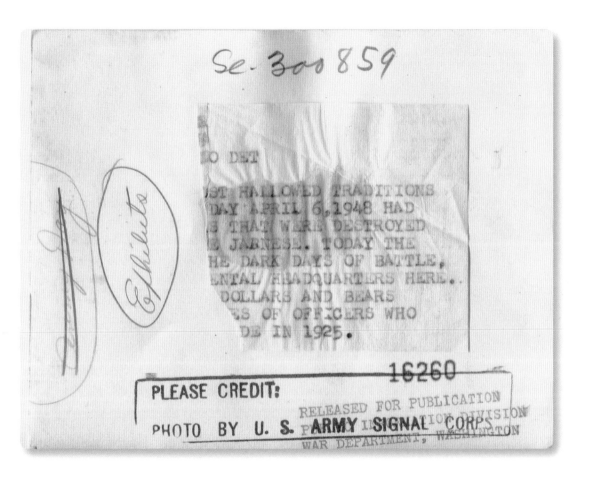

#SC 300859

(1948. 4. 6 촬영)

 * 해제 : 뒷면 캡션 훼손으로 정확히 설명하기 어렵다. 하지만 사진을 보면 '상하이 볼(SHANGHAI BOWL)'의 유래를 다음과 같이 설명하고 있다. "이 그릇(bawl)은 1932년 중국 정부가 상하이에서 근무한 것에 대한 감사의 표시로 미군 제31보병연대에 수여한 것이다. 그것은 1500달러의 중국 은화로 만들어졌다. 1942년 제31보병연대가 싸운 바탄 전투에서, 그릇은 필리핀 코레히도르 섬에 가져가게 되었는데 일본의 손에 넘어가는 것을 막기 위해 그곳에 묻혔다. 전쟁이 끝난 후 그릇을 되찾아 연대로 다시 돌아왔다." 한편 사진에 보이는 건물은 미군 제7보병사단 31보병연대 막사(구 일본군 79연대 막사)로 지금도 용산 미군기지에 남아있다.

227

BATAAN SURVIVORS   SEOUL, KOREA
                          17 APRIL 1948
48-0894   PHOTOG:MOOTZ
                          123 SIG PHOTO DET
Sc.300860   XXIV CORPS

L.TO R:.1st LT CHARLES ALLEN OF SAN
ANTONIO,TEX.,XGTXXKXNXPOTTXXDFXXAN
XXKXXXXXLIIX SG T HENRY LOUX OF WILKES-
BARRE,PA.,SGT JOHN POTTS OF VAN NUYS,.
CALIF.,AND SGT ROLLAND WARD OF YAKIMA,
WN., ALL OF THE 31st INF REG ARE FOUR
OF THE ORIGINAL SURVIVORS OF THE BATAAN
"DEATH MARCH" IN 1942 AND ARE NOW
SERVING WITH THE SAME UNIT THEY PROUDLY
SERVED THEN..

                          16260
RELEASED FOR PUBLICATION
PUBLIC INFORMATION DIVISION
DEPARTMENT, WASHINGTON

PLEASE CREDIT:

PHOTO BY U.S. ARMY SIGNAL CORPS

#SC 300860

바탄 전투의 "죽음의 행진"에서 살아남은 생존자들

제31보병연대의 Charles Allen 중위(텍사스주 샌안토니오), Henry Loux 병장(펜실베니아주 윌크스배리), John Potts 병장(캘리포니아주 밴누이스), Rolland Ward 병장(워싱턴주 야키마), 모두 제31보병연대 출신으로 1942년 바탄 '죽음의 행진'에서 살아남아 현재 같은 부대에서 자랑스럽게 복무 중이다.(1948. 4. 17 촬영, 국사편찬위원회 소장)

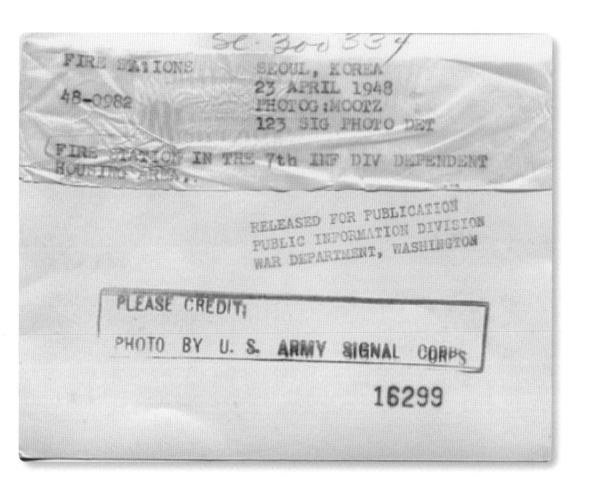

SC 300334
사: 300334

FIRE STATIONS   SEOUL, KOREA
48-0982   23 APRIL 1948
                       PHOTOG :MOOTZ
                       123 SIG PHOTO DET

FIRE STATION IN THE 7th INF DIV DEPENDENT
HOUSING AREA.

RELEASED FOR PUBLICATION
PUBLIC INFORMATION DIVISION
WAR DEPARTMENT, WASHINGTON

PLEASE CREDIT:

PHOTO BY U. S. ARMY SIGNAL CORPS

16299

SC 300334

미군 제7보병사단 소방서

제7보병사단 가족 숙소 지역에 있는 소방서(1948. 4. 23 촬영)

FIRE STATIONS   SEOUL, KOREA
                       23 APRIL 1948
48-0977   PHOTOG:MOOTZ
                       123 SIG PHOTO DET

TEAM OF KOREAN FIREMEN IN FULL FIRE FIGHTING
UNIFORM.ONE TEAM CONSISTS OF SIX MEN.

Korea - firemen

PLEASE CREDIT:
PHOTO BY U. S. ARMY SIGNAL CORPS

RELEASED FOR PUBLICATION
PUBLIC INFORMATION DIVISION
WAR DEPARTMENT, WASHINGTON

16299

#SC 300336
미군 제7보병사단 한국인 소방관들
소방 복장을 착용한 한국인 소방관 팀. 한 팀에 6명으로 구성되어 있다.(1948. 4. 23 촬영)

SL. 300342

FIRE STATIONS

48-0969

SEOUL, KOREA
23 APRIL 1948
PHOTOG:MOOL
123 SIG PHOTO DET

FIRE CHIEF OF 31st INF STATION INSPECTS
FIRE METER IN 31st INF COMPOUND.

PLEASE CREDIT:

PHOTO BY U. S. ARMY SIGNAL COR

RELEASED FOR PUBLICATION
PUBLIC INFORMATION DIVISION
WAR DEPARTMENT, WASHINGTON

16299

#SC 300342

소방전을 검열 중인 소방서장

소방서장이 제31보병연대 내 소방전을 검열하고 있다.

(1948. 4. 23촬영)

SC. 300337

FIRE STATIONS   SEOUL, KOREA
                       23 APRIL 1948
48-0976   PHOTOG:MOOTZ
                       123 SIG PHOTO DET

U.S.ARMY 3/4 TON TRUCK CONVERTED INTO
A FIRE TRUCK USED BY THE KOREAN FIREMEN

Korea-Firemen

PLEASE CREDIT!

PHOTO BY U. S. ARMY SIGNAL CORPS

RELEAS
PUBLIC INFO
WAR DEPARTMENT, WASHINGTON   16299

#SC 300337

소방차로 개조된 미육군 트럭

미육군의 4분의 3톤 트럭(0.75톤)을 소방차로 개조하여 한국인이 사용하였다

(1948. 4. 23 촬영, 국사편찬위원회 소장)

SC.300335

FIRE FIGHTING

481019

SEOUL, KOREA.
29 APRIL, 48.
PHOTG: HENDSBEE
123 SIG. PHOTO DET.
XXIV CORPS.

FIRE STATION AND TRUCKS AT CAMP SOBINGGO.

Fire Stations

RELEASED FOR PUBLICATION
PUBLIC INFORMATION DIVISION
WAR DEPARTMENT, WASHINGTON
16299

#SC 300335

캠프 서빙고 소방서

캠프 서빙고의 소방서와 소방차들.

* 해제 : 미군정기 당시 용산기지는 캠프 서빙고(Camp Sobinggo)로 불렸다.(1948. 4. 29 촬영)

FIRE FIGHTING   SEOUL, KOREA.
                       29 APRIL, 48.
48-1017   PHOTOG: HENDSBEE
                       123 SIG. PHOTO DET.
                       XXIV CORPS.

INSTRUCTION ON THE PROPER WAY TO CLIMB
A FIRE LADDER.

Korea. Foremen

PLEASE CREDIT:

PHOTO BY U. S. ARMY, SIGNAL CORPS

RELEASED FOR PUBLICATION
PUBLIC INFORMATION DIVISION
WAR DEPARTMENT WASHINGTON

16299

#SC 300341

소방용 사다리를 오르는 방법을 교육 중인 소방관들
소방용 사다리를 바르게 오르는 방법 교육.
(1948. 4. 23 촬영)

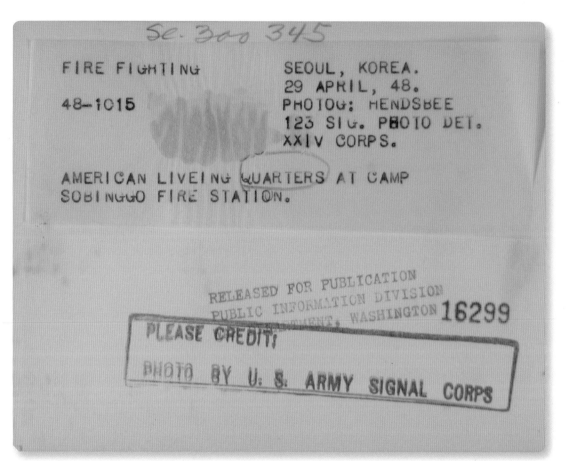

FIRE FIGHTING   SEOUL, KOREA.
                       29 APRIL, 48.
48-1015   PHOTOG: HENDSBEE
                       123 SIG. PHOTO DET.
                       XXIV CORPS.

AMERICAN LIVEING QUARTERS AT CAMP
SOBINGGO FIRE STATION.

RELEASED FOR PUBLICATION
PUBLIC INFORMATION DIVISION
          WASHINGTON 16299

PLEASE CREDIT:

PHOTO BY U. S. ARMY SIGNAL CORPS

#SC300345
캠프 서빙고 소방서의 미국인 숙소
캠프 서빙고 소방서의 미국인 숙소(1948. 4. 29 촬영, 국사편찬위원회 소장)

244

SC·300 843

PLEASE CREDIT;   SEOUL, KOREA
U ARMY SIGNAL   1 MAY 48
CORPS PHOTO)   PHOTOG; RANDALL
XXIV CORPS 48-1247   123 SIG PHOTO DET
AN OVERALL VIEW OF OP 18 WHICH
BELONGS TO CO C 1ST BN 32 INF REG.
IT IS CO C'S NORTHMOST OUT POST,
AND IS ON ONE OF THE FEW ROADS LEAD-
ING INTO THE RUSSIAN ZONE.

RELEASED FOR PUBLICATION
PUBLIC INFORMATION DIVISION
WAR DEPARTMENT, WASHINGTON

16357

#SC300843

미군 제32보병연대 1대대 C중대 18번 초소(OP) 전경

미군 제32보병연대 1 대대 C중대 소속 18번 초소(OP) 전경. 이 초소는 C중대 소속 최북단의 초소로 러시아 구역에 이르는 도로 가운데에 위치해 있다.(1948. 5. 1 촬영, 국사편찬위원회 소장)

* 해제: 미군정기 38도선 경비 임무는 제32보병연대가 담당하였다.

#SC 300237

남대문 앞 도로와 전차

한국에서 전력 공급 중단: 남한에서는 전력 공급이 중단된 이후에도 전차 운행이 계속되고 있으며, 인천과 부산항에 있는 전력 발전선이 필수 산업과 비필수 산업 모두를 운영하기에 충분한 전기를 공급하고 있다.(1948. 5. 19 촬영)

* 해제 : 북한은 1948년 5월 14일 송전을 중단하였다.

XXIV-48-1506

248

SC 302233

(PLEASE CREDIT   SEOUL, KOREA
US ARMY SIGNAL   31 MAY 48
CORPS PHOTO)   PHOTOG; RANDALL
XXIV-48-1506   123 SIG PHOTO DET
    MAYOR KIM, HYUNG MIN (CENTER), MAYOR
OF THE CITY OF SEOUL, DEDICATES A WREATH
TO THE AMERICAN DEAD, IN BEHALF OF THE
PEOPLE OF SEOUL, DURING THE MEMORIAL DAY
OBSERVANCES HELD BY THE 7TH DIV ARTILLEERY
IN SEOUL. BBIG GEN ROGER M. WICKS, KENNEBUNK
MAINE, COMMANDING GENERAL OF 7TH DIV ARTY.
(LEFT) AND MAJ A.C. FIEDLER, MORRISTOWN,
N.J., G-3, XXIV CORPS (RIGHT) LOOK ON.

RELEASED FOR PUBLICATION
PUBLIC INFORMATION DIVISION
WAR DEPARTMENT WASHINGTON
16488

#SC 302233

미군 제7 보병사단 포병대 영결식에 참가한 김형민 서울시장

서울시장 김형민(가운데)이 서울 시민들을 대표해 서울 제7보병사단 포병대의 영결식에서
미국인 사망자에게 헌화하는 모습. 제7보병사단 포병대 지휘관 Roger M. Wicks 준장(왼쪽),
제24군단 작전참모부 A.C.Fiedler 소령(오른쪽)이 지켜보고 있다.
(1948. 5. 31 촬영)

250

#SC 302234

전몰장병 추모일에 묵념을 하고 있는 미군 제32보병연대 장병들

전몰장병 추모일에 제32보병연대 장병들이 주둔지에서 묵념을 하고 있다.(캘리포니아 롱비치 1098 Ridgewood St. 출신) 군목 Clayton C Shepard,(1948. 5. 31 촬영)

* 해제 : 추모제가 열린 곳은 제32보병연대 연병장이며, 식민지기에는 일본군 제78보병연대 연병장이었다. 멀리 이태원의 언덕이 보인다.

XXIV-48-1502

SC 302235

```
(PLEASE CREDIT          SEOUL, KOREA
US ARMY SIGNAL          31 MAY 48
CORPS PHOTO)            PHOTOG; RANDALL
XXIV-48-1502            123 SIG PHOTO DET
    HQ. CO. SPECIAL TROOPS, 7TH INF DIV,
PASS IN REVIEW DURING THE MEMORIAL DAY
OBSERVANCE HELD AT THE 500 R.G.B. BASE-
BALL STADIUM IN SEOUL. COL K.M. HUNTER,
CHIEF OF STAFF OF 7TH INF DIV, COMMANDER
OF TROOPS, AND OTHER STAFF OFFICERS IN-
SPECT THE TROOPS.
                      RELEASED FOR PUBLICATION
                      PUBLIC INFO. MATI...
                      WAR DEPARTMENT, WASHINGTON
                           16488
```

#SC 302235

전몰장병 추모일에 미군 제7보병사단 용산 야구 경기장에서 사열받는 특수근무부대 본부 중대

전몰장병추모일 미군 제7보병사단 특수근무부대 본부 중대 장병들이 서울 야구장에서 사열을 받고 있다. 미군 제7보병사단 참모장 대령 K.M. Hunter, 부대장 그리고 기타 참모장교들이 부대를 사열하고 있다.(1948. 5. 31 촬영, 국사편찬위원회 소장)

 * 해제: 여기서 말하는 서울야구장은 용산철도국 운동장으로 보이는데, 일제강점기 때 이곳에서 전조선야구대회가 열리기도 하였다.

#SC 302243

제헌국회 첫 날 연설하는 미군정장관 딘 소장
대한민국 첫 국회 회의에서 미군정장관 딘(William F. Dean) 소장이 연설을 하고 있다. 이것
은 한국의 자치 정부의 첫 시작을 의미한다. (1948. 5. 31 촬영, 국사편찬위원회 소장)

SE 302248

(PLEASE CREDIT
US ARMY SIGNAL
CORPS PHOTO)
XXIV-48-1782

SEOUL, KOREA
3 JUNE 48
PHOTOG; RANDALL
123 SIG PHOTO DET

A SECTION OF THE 'DENVER' TELEPHONE
EXCHANGE IN SEOUL, WHICH SERVES THE 7TH
INF DIV, SHOWING THE OPERATORS AT WORK ON
THE SWITCHBOARDS. (L-R) MRS ROSSKOPF,
HOPEWELL, VA, WIFE OF MAJ J.W. ROSSKOPF;
T/5 CECIL SEMEN, OSGOOD, IND., 7TH SIGNAL
CO; MRS LOTTIE MAE THOMASON, BONHAM,
TEXAS, WIFE OF CAPT J.L. THOMASON; MRS
C.K. AASEN, VERMILLIAN, S.D., WIFE OF LT.
COL. E.K. AASEN, CHIEF OPERATOR.

16488

RELEASED FOR PUBLICATION
PUBLIC INFORMATION DIVISION
WAR DEPARTMENT, WASHINGTON

SC 302248

제7보병사단 소속 Denver 전화교환실 전경

서울에 있는 미군 제7보병사단 소속 덴버(DENVER) 전화 교환소의 한 구역으로, 교환
대에 근무하고 있는 교환원들을 보여주고 있다. 왼쪽부터 J.W.Rosskopf 소령의 아내
Rosskopf(버지니아주 호프웰), 제7통신중대 Cecil Semen T/5, J.L.Thomason 대위의 아내
Lottie Mae Thomason(인디애나주 오스굿), E.K.Aasen 중령의 아내 C.K.Aasen(텍사스주
본햄).(1948. 6. 3 촬영, 국사편찬위원회 소장)

XXIV-48-2030

RC303890

```
(PLEASE CREDIT      SEOUL, KOREA
US ARMY SIGNAL       5 JUNE 48
CORPS PHOTO)        PHOTOG; COMEAU
XXIV-48- 2030      123 SIG PHOTO DET
    MARCHING IN REVIEW IN THE PARADE      1948
HELD AT THE 7TH INF DIV BASEBALL
FIELD, IN COMMEMORATION OF INDEPEN-
DENCE DAY ARE MEN OF THE 7TH DIV
SPECIAL TROOPS. OM THE RIGHT IS THE
7TH DIV BAND.

       RELEASED FOR PUBLICATION
       PUBLIC INFORMATION DIVISION
       WAR DEPARTMENT, WASHINGTON
                          16596
```

#SC 303890

미국 독립기념일에 특수근무부대의 사열

미국 독립기념일을 맞아 미군 제7보병사단 특수근무 부대원들이 사단 야구장에서 사열을 받으며 행진을 하고 있다. 오른쪽은 제7보병사단 군악대의 모습이다.

(1948. 6. 5 촬영)

* 이곳은 오늘날 전쟁기념관 자리이다.

ec303891

(PLEASE CREDIT SEOUL, KOREA
US ARMY SIGNAL 5 JUNE 48
CORPS PHOTO) PHOTOG: COMEAU
XXIV-48-2028 123 SIG PHOTO DET
REVIEWING THE TROOPS IN THE
PARADE HELD AT THE 7TH DIV BASE-
BALL FIELD, IN COMMEMORATION OF
INDEPEDENCE DAY, ARE, IN THE
FIRST ROW, (L-R): BRIG GEN R.M.
WICKS, COMMANDING GENERAL, 7TH DIV
ARTY; BRIG GEN EDWIN W PIBURN,
COMMANDING GENERAL, 7TH INF DIV;
COL WILLIAM A MAY, DEPUTY POST
COMMANDER; COL M.G. CROMBEZ, COMM-
ANDING OFFICER, 32ND INF REGT; LT
COL RALPH E LEIGHTON, COMMANDING
OFFICER, 31ST INF REGT; BEHIND
THEM ARE OFFICERS OF THE DIVISION
AND SPECIAL STAFF. RELEASED FOR PUBLICATION
PUBLIC INFORMATION DIVISION
WAR DEPARTMENT, WASHINGTON

16596   16596

#SC 303891

미국 독립기념일에 사열받는 미군 제7보병사단 지휘부

왼쪽부터 미군 제7보병사단 포병대장 R.M.Wicks 준장, 제7보병사단장 Edwin W. Piburn 준장, 부사단장 William A. May 대령, 제32보병연대장 M.G.Crombez 대령, 제31보병연대장 Ralph E. Leighton 중령. 뒷줄에는 미군 제7보병사단 장교들과 특별참모들임.
(1948. 6. 5 촬영)

XXIV-48-1825

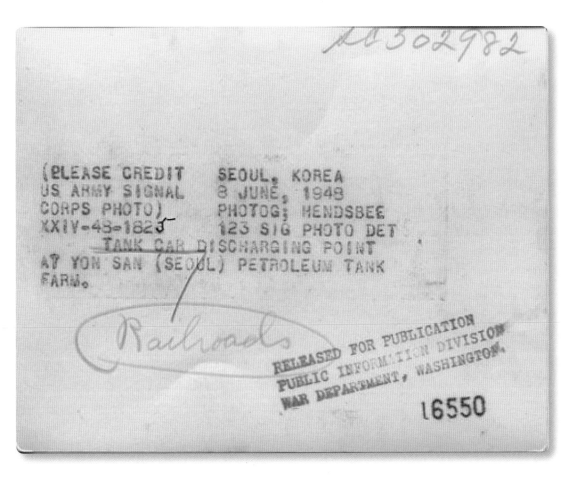

AC302982

(PLEASE CREDIT   SEOUL, KOREA
US ARMY SIGNAL   8 JUNE, 1948
CORPS PHOTO)   PHOTOG; HENDSBEE
XXIV-48-1825   123 SIG PHOTO DET
TANK CAR DISCHARGING POINT
AT YON SAN (SEOUL) PETROLEUM TANK
FARM.

Railroads

RELEASED FOR PUBLICATION
PUBLIC INFORMATION DIVISION
WAR DEPARTMENT, WASHINGTON.

16550

#SC 302982
캠프 서빙고의 유류 저장소
서울 용산 유류탱크장의 탱크 차량 배출소(1948. 6. 8 촬영)

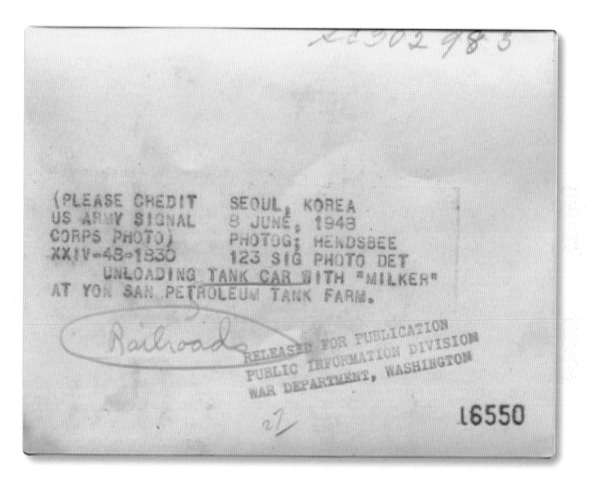

SC 302983

캠프 서빙고 유류 저장소에서의 하역 작업
용산 유류탱크장에서 "MILKER"로 탱크차량을 하역하고 있다.(1948. 6. 8 촬영)

```
(PLEASE CREDIT     SEOUL, KOREA
US ARMY SIGNAL     8 JUNE, 1948
CORPS PHOTO)       PHOTOG; HENDSBEE
XXIV-48-1824       123 SIG PHOTO DET
    MOGAS STORAGE TANKS AT YON SAN
PETROLEUM TANK FARM ARE OPERATED BY
THE 578 QM GAS SUPPLY CO.
```

RELEASED FOR PUBLICATION
PUBLIC INFORMATION DIVISION
WAR DEPARTMENT, WASHINGTON

16550

#SC 302984

제578병참 부대의 유류 저장소

제578병참 가스보급중대에서 운용하는 용산 유류탱크장의 차량 가솔린 저장소.(1948. 6. 8 촬영)

* 해제: 영어 캡션에 보이는 'MOGAS'는 Motor Gasoline 의 줄임말로 차량 가솔린을 뜻한다.

XXIV-48-1993

268

SC 303999 (Religion - Catholic)

(PLEASE CREDIT   SEOUL, KOREA
US ARMY SIGNAL   27 JUNE 48
CORPS PHOTO)   PHOTOG; COMEAU
XXIV-48-1993   123 SIG PHOTO DET
    IN THE PROCESSION FROM 7TH DIV
HQS TO HQS CHAPEL, WHICH WAS REDED-
ICATED WITH A SOLEMN HIGH MASS ARE,
(L-R): FATHER STEPHEN H STOLZ (MAJ)
7TH DIV HQS & SPEC TRPS, DEACON;
FATHER ALOYSIUS ZIELINSKI (CAPT),
31ST FA BN CHAPLAIN, CELEBRANT;
REV MR JOSEPH KANG, HOLY GHOST SEM-
INARY STUDENT, SUB-DEACON; RT REV
PATRICK BYRNE, M.M., APOSTOLIC
DELEGATE OF POPE PIUS XII; CAPT
ROBERT J MC/MULLAN, COMMANDING OFF-
ICER, 7TH DIV HQS CO; 1ST/SGT FRANK
X. CROMER, HQS & HQS CO
EDWIN W PIBURN, COMMANDING GENERAL,
7TH INF DIV.

RELEASED FOR PUBLICATION
PUBLIC RELATION DIVISION
WAR DEPARTMENT, WASHINGTON
16603

SC 303999

미군 제7보병사단의 장엄미사

미군 제7사단사령부에서 사령부 성당으로 이동 중. 엄숙한 장엄미사를 거행하는 사람은 왼쪽부터 사단 본부 및 특수근무부대 신부 Stephen H. Stolz 소령, 미사를 집전하는 제31야전포병대대 군목 Father Aloysius Tielinsk 대위, 성령(Holy Ghost) 신학교 학생인 집사 Joseph Kang, 교황 비오(Pius) 12세의 사절 Patrick Byrne 신부, 사단 본부중대장 대위 Robert , 본부 및 본부 중대 행정관 Frank X. Cromer, 제7보병사단장 피번 준장(1948. 6. 27 촬영)

 * 해제: 사제들과 미군 제7보병사단 부대원들 너머로 보이는 건물은 1940년대에 조선군사령부 또는 제17방면군사령부 제2청사로 사용되었으며, 해방 후 주한미군이 사우스포스트 벙커(옛 제8군 벙커)로 이용하였다. 지금은 한미연합사 연습처로 사용 중이다.

270

#SC 304000

장엄미사와 고아원 아이들

오른쪽에는 미사를 돕는 사령부 장병들과, 그 뒤로는 패트릭 수녀와 성바오로 고아원 아이들이 장엄미사를 거행하기 위해 미군 제7사단사령부에서 사령부 성당으로 이동 중이다.(1948. 6. 27 촬영)

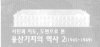

SC 306452
Brigadier General Edwin W. Piburn, CG,
7th Infantry Division, at his desk in
Seoul, Korea.   12 August 1948

Signal Corps Photo #XXIV-48-3296 (Lytell)
Released by Pub. Info. Div. 24 September 1948.
Orig. neg.   Lot 16768

#SC 306452
미군 제7보병사단장 피번 준장의 집무실
서울 집무실 책상의 미군 제7보병사단장 Edwin W. Piburn 준장
(1948. 8. 12 촬영, 국사편찬위원회 소장)
* 해제: 집무실의 위치는 제7보병사단사령부 청사(구 조선군사령부 및 17방면군사령부 청사)에 있었다.

```
SC 306878
KOREA BECOMES INDEPENDENT NATION
Lieutenant General John R. Hodge, CG,
U. S. Army Forces in Korea, (left)
General of the Army Douglas MacArthur,
Supreme Allied Commander, (center) and
Dr. Syngman Rhee, first President of
the Republic of Korea, watch ceremonies
before the nation's Capitol, celebrating
the inauguration of the new Korean Govern-
ment, and the third anniversary of the
liberation of Korea from the Japanese.
Seoul, Korea.  15 Aug 1948.

Signal Corps Photo#XXIV-48-3346/FEC-48-7003
(Porter) Released by Pub. Info. Div. 28 Sept
1948
Orig. Neg.                      Lot 16782        mk
```

#SC 306878

대한민국 정부수립 기념식에 참석한 이승만 대통령과 맥아더 사령관 그리고 하지 중장

한국이 독립 국가가 되다. 1948년 8월 15일 중앙청에서 주한미군사령관 하지 중장(왼쪽), 연합군 최고사령관 맥아더(중간) 그리고 대한민국 초대 대통령 이승만 박사가 대한민국정부 수립 선포 및 광복 3주년을 축하하며 기념식을 지켜보고 있다.(1948. 8. 15 촬영, 국사편찬위원회 소장)

 * 해제: 1948년 8월 15일 대한민국 정부 수립이 선포되자 이제까지 남한을 통치했던 주한미군사령관 하지(John R. Hodge) 중장은 2년 11개월, 1071일간에 걸친 미 군정의 폐지를 공식 선언했다.

275

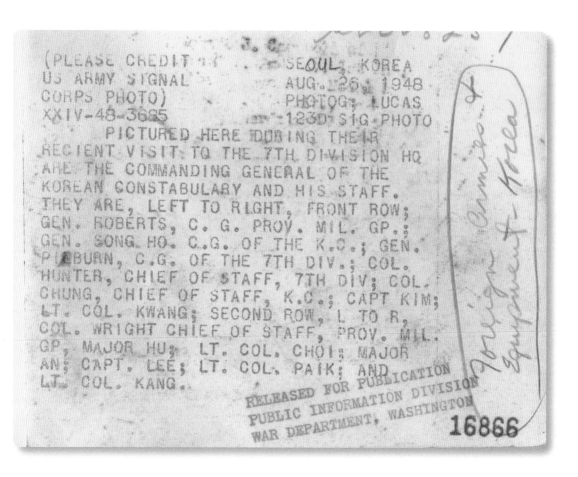

(PLEASE CREDIT . . . SEOUL, KOREA
US ARMY SIGNAL . AUG. 26, 1948
CORPS PHOTO) PHOTOG: LUCAS
XXIV-48-3685 . 123D SIG PHOTO
PICTURED HERE DURING THEIR
RECIENT VISIT TO THE 7TH DIVISION HQ
ARE THE COMMANDING GENERAL OF THE
KOREAN CONSTABULARY AND HIS STAFF.
THEY ARE, LEFT TO RIGHT, FRONT ROW;
GEN. ROBERTS, C. G. PROV. MIL. GP.;
GEN. SONG HO. C.G. OF THE K.C.; GEN.
PILBURN, C.G. OF THE 7TH DIV.; COL.
HUNTER, CHIEF OF STAFF, 7TH DIV; COL.
CHUNG, CHIEF OF STAFF, K.C.; CAPT KIM;
LT. COL. KWANG; SECOND ROW, L TO R,
COL. WRIGHT CHIEF OF STAFF, PROV. MIL.
GP, MAJOR HU; LT. COL. CHOI; MAJOR
AN; CAPT. LEE; LT. COL. PAIK; AND
LT. COL. KANG.

RELEASED FOR PUBLICATION
PUBLIC INFORMATION DIVISION
WAR DEPARTMENT, WASHINGTON
16866

SC 308257

미군 제7보병사단사령부를 방문한 조선경비대 총사령관 송호성 장군과 참모들
최근 미군 제7보병사단사령부를 방문했을 때 찍은 이 사진은 조선경비대장과 참모들이다.
앞줄 왼쪽부터 오른쪽 순으로 임시군사고문단장 로버츠 장군, 조선경비대장 송호성 장군,
제7보병사단장 피번 장군, 참모장 헌터 대령, 조선경비대 참모장 정 대령, 김 대위, 광 중령,
둘째 줄 왼쪽부터 오른쪽 순으로 임시군사고문단 참모장 라이트 대령, 허 소령, 최 중령, 안
소령, 이 대위, 백 중령, 그리고 강 중령이다.(1948. 8. 26 촬영)
 * 해제: 송호성 장군은 광복군 출신으로 대한민국 육군 창군 주역의 한 사람이었다. 한국전쟁 발발 직
후 월북해 북한군에서 활약했으며, 지금은 북한의 애국열사릉에 묻혀 있다. 캡션의 앞줄 조선경비대 참
모장 정 대령은 정일권 대령을 말하며, 뒷 줄의 백 중령은 백선엽 중령으로 당시는 정보국장이었다.

RC308272
Sheet 7

(PLEASE CREDIT   SEOUL, KOREA
US ARMY SIGNAL   2 SEPT 48
CORPS PHOTO)   PHOTOG; STEVENS
XXIV-48-3696   123 SIG PHOTO DET
    INSPECTING THE 7TH MEDICAL BN.
MESS HALL ARE (THIRD FROM LEFT) BRIG.
GEN. EDWIN W. PIBURN, COMMANDING
GENERAL 7TH DIV., MAJ. MATTHEW J.
KOWALSKY, COMMANDER OF THE 7TH MED.
BN., THE MEMBERS OF THE KOREAN ARMY
WERE ON TOUR OF THE 7TH DIV. AND
ACCOMPANIED GEN. PIBURN. RELEASED FOR PUBLICATION
PUBLIC INFORMATION DIVISION
WAR DEPARTMENT, WASHINGTON
16666

SC 308272
제7의무대를 점검 중인 미군 제7보병사단장과 제7의무대대장
식당은 왼쪽에서 세 번째임. 미군 제7보병사단장 피번 준장과 제7의무대대장 코왈스키 소령. 국방경비대는 제7보병사단을 방문하였고 피번 준장이 동행하였음.
(1948. 9. 2 촬영)

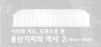

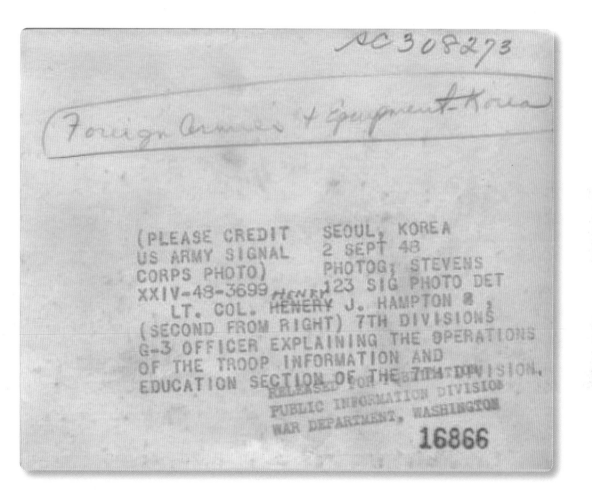

#SC 308273

조선경비대에 부대정훈을 운용하는 방법을 설명하는 헨리 중령

미군 제7보병사단 작전장교 Henry J. hampton 중령(오른쪽에서 두 번째)이 미군 제7보병사단 정훈 부서의 운용방법에 대해 설명중이다.(1948. 9. 2 촬영)

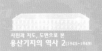

282

(PLEASE CREDIT
US ARMY SIGNAL
CORPS PHOTO)
XXIV-48-3748

SEOUL, KOREA
7 SEPT 1948
PHOTOG; DUNN
123D PHOTO DET
OPENING OF THE FALL SEMENSTER
AT THE 7TH DIVISION AMERICAN SCHOOL.
CENTER, STUDENTS AND TEACHERS OF THE
SCHOOL. AT LEFT, SPEAKERS AT THE
OPENING CEREMONY ARE COL. WILLIAM
MAY, PHILIDELPHIA, PA., DEPUTY POST
COMMANDER OF THE 7TH. DIVISION, MR.
L. D. LANGLEY, MILLEDGEVILLE, GA.,
SUPERINTENDENT OF THE SCHOOL, AND
CHAPLAIN WILLIAM S. BOICE, PHOENIX,
ARIZONA, PROTESTANT CHAPLAIN FOR THE
7TH. DIVISION.

RELEASED FOR PUBLICATION
PUBLIC INFORMATION DIVISION
WAR DEPARTMENT, WASHINGTON
16866

(Schools - Military Japan)

#SC 308282

미국인학교의 가을학기 개학

중앙은 교사와 학생. 왼쪽부터 개학식 연설자로 참석한 미군 제7보병사단 부사단장 William May 대령(펜실베니아주 필라델피아), 교감 L. D. Langley(조지아주 밀리지빌), 사단 개신교 군목 보이스 William S. Boice(애리조니아주 피닉스).(1948. 9. 7 촬영)

*해제: 사진에 보이는 미국인학교는 일제강점기 때 일본군 제20사단사령부 청사로 사용되었다.

284

```
(PLEASE CREDIT        SEOUL, KOREA
US ARMY SIGNAL        7 SEPT 1948
CORPS PHOTO           PHOTOG, DUNN
XXIV-48-3749          123D PHOTO DET
      THE OPENING OF THE FALL SEMEN-
STER AT THE 7TH DIVISION AMERICAN
SCHOOL. FRONT ROW (LEFT TO RIGHT),
COL. WILLIAM MAY, PHILIDELPHIA, PA.,
DEPUTY POST COMMANDER OF THE 7TH DIV
MR. L. D. LANGLEY, MILLEDGEVILLE,
GA., SUPERINTENDENT OF THE SCHOOL,
MRS. ILENE CORMICK, LUFKIN, TEX.,
TEACHER, AND CHAPLAIN WILLIAM S.
BOICE, PHOENIX, ARIZ., PROTESTANT
CHAPLAIN FOR THE 7TH DIV,, BACK ROW
(LEFT TO RIGHT) MR. R. C. NASH,
HATBORO, PA., CAPTAIN JAMES A BROWN,
7TH DIV SCHOOL OFFICER, AND MISS
ADA B. BANTA TEACHER. RELEASED FOR PUBLICATION
                      PUBLIC INFORMATION DIVISION
                      WAR DEPARTMENT, WASHINGTON
                                        16866
```

#SC 308283

미국인학교의 가을학기 개학

앞줄은(왼쪽에서 오른쪽으로) 미군 제7보병사단 부사단장 William May 대령(펜실베니아주 필라델피아), 교감 L. D. Langley(조지아주 밀리지빌), Ilene Cormick 부인(텍사스주 루프킨), 미군 제7보병사단 개신교 군목 William S. Boice, 뒷줄은 (왼쪽에서 오른쪽으로) R.C Nash씨(펜실베니아주 햇보로), 제7보병사단 학교 장교 대위 브라운 James A Brown, 교사 Ada B. Banta양.(1948. 9. 7 촬영)

XIV-48-3819

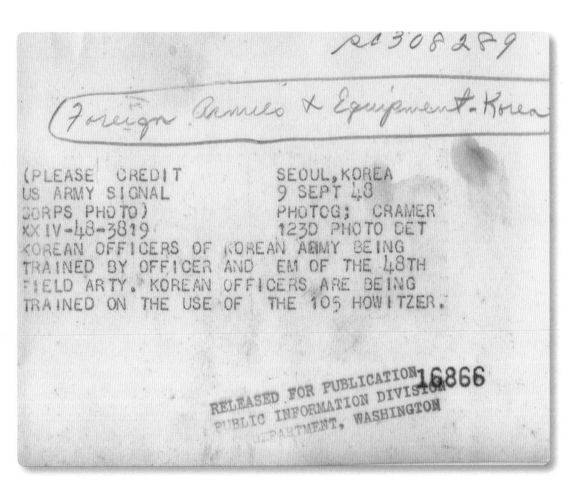

(PLEASE CREDIT   SEOUL,KOREA
US ARMY SIGNAL   9 SEPT 48
CORPS PHOTO)   PHOTOG; CRAMER
XXIV-48-3819   123D PHOTO DET
KOREAN OFFICERS OF KOREAN ARMY BEING
TRAINED BY OFFICER AND EM OF THE 48TH
FIELD ARTY. KOREAN OFFICERS ARE BEING
TRAINED ON THE USE OF THE 105 HOWITZER.

RELEASED FOR PUBLICATION 16866
PUBLIC INFORMATION DIVISION
DEPARTMENT, WASHINGTON

\# SC 308289

미군 제48야전포병대대에서 105미리 곡사포 교육을 받고 있는 한국군 장교들 1

한국군 장교들이 미군 제48야전포병대대 장병들로부터 훈련을 받고 있다. 한국군 장교들은 105미리 곡사포 사용법을 훈련 받고 있다.(1948. 9. 9 촬영)

* 해제: 이곳은 현 용산기지의 캠프코이너 구역이다. 1949년 주한미군 철수 이후에는 육군포병학교가 들어섰다. 이곳에서 장은산, 김계원, 안두희 등이 근무하였다.

SC 308290

(PLEASE CREDIT
OFFICIAL US ARMY
SIGNAL CORPS PHOTO)
XXIV-48-3812
KOREAN OFFICERS OF KOREAN ARMY BEING
TRAINED BY OFFICERS AND EM OF THE
48TH FIELD ARTY. KOREAN OFFICERS ARE
BEING TRAINED ON THE USE OF THE 105
HOWITZER.

SEOUL, KOREA
8 SEPT 48
PHOTOG; CRAMER
123D PHOTO DET

RELEASED FOR PUBLICATION
PUBLIC INFORMATION 16866
WAR DEPARTMENT, WASHINGTON

SC 308290
미군 제48야전포병대대에서 105미리 곡사포 교육을 받고 있는 한국군 장교들 2
한국군 장교들이 미군 제48야전포병대대 장병들로부터 훈련을 받고 있다. 한국군 장교들은
105미리 곡사포 사용법을 훈련 받고 있다.(1948. 9. 9 촬영)

290

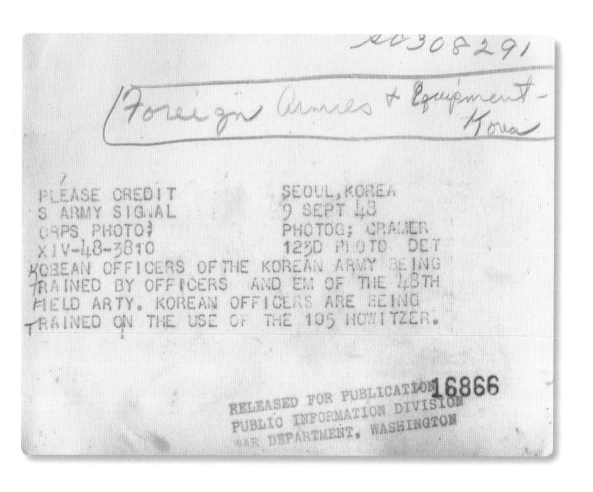

#SC 308291
제48야전포병대대에서 105미리 곡사포 교육을 받고 있는 한국군 장교들 3
한국군 장교들이 미군 제48야전포병대대 장병들로부터 훈련을 받고 있다. 한국군 장교들은
105미리 곡사포 사용법을 훈련받고 있다.(1948. 9. 9 촬영)

ac308294

(PLEASE CREDIT   INCHONXX, KOREA
US ARMY SIGNAL   9SEPT 48
CORPS PHOTO)   PHOTOG; CRAMER
XXIV-48-3813   123D PHOTO DET
THREE HOWITZER PIESES AWAIT ORDERS TO
FIRE ON GUNNERY TARGETS IN INCHON HAR-
BOR. "B" BRTY OF 48TH FIELD ARTY HELD
GUNNERY PRACTICE FOR TRAINING PURPOSES.

Guns & Weapons-How, -105mm

16866

RELEASED FOR PUBLICATION
PUBLIC INFORMATION DIVISION
WAR DEPARTMENT, WASHINGTON

#SC 308294

인천항에서 곡사포 발포훈련을 하는 모습
곡사포 3대가 인천항에서 발포명령을 기다리고 있다. 제48포병대대 B 포대는 훈련 목적으로 발포 연습을 실시하였다.
(1948. 9. 9 촬영, 국사편찬위원회 소장)

(PLEASE CREDIT SEOUL, KOREA
US ARMY SIGNAL 10 SEPT 48
CORPS PHOTO) PHOTOG; GRAMER
XXIV-AC-308-3 123D PHOTO DET
TEACHING KOREAN ARMY OFFICERS THE USE
OF THE COMPASS IN CONNECTION WITH FIELD
ARTY, LT JOHN C. NOAR-HAS BATY. 57TH
FIELD ARTY EXPLAINS TO INTERPRETER WHO
THEN EXPLAINS THE USE TO FELLOW OFFICERS

Foreign Armies & Equipment — Korea

RELEASED FOR PUBLICATION
PUBLIC INFORMATION DIVISION
WAR DEPARTMENT, WASHINGTON
16866

#SC 308292

미군 제57야전포병대대에서 야포 관련 나침반 사용법 강의를 받는 한국군 장교들
미군 제57야전포병대대 중위 John C. Noar가 한국군 장교들에게 야포 나침반 사용법을 가르치며 이어 통역은 한국군 장교들에게 그 사용법을 설명 중이다.(1948. 9. 10 촬영, 국사편찬위원회 소장)

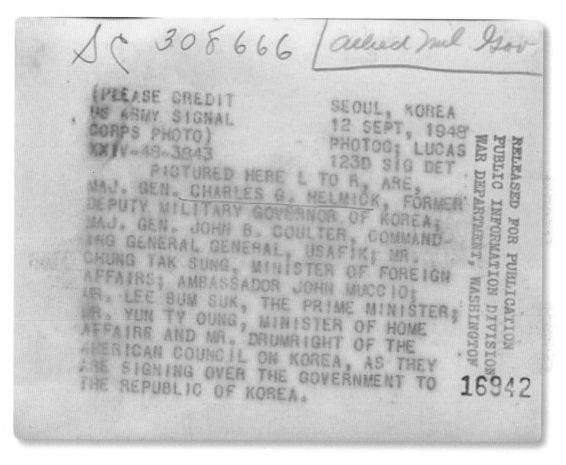

#SC 308666

한미 재산 및 재정에 관한 협약 체결 서명 장면
사진의 왼쪽부터 전 미군정부장관 헬믹(Charles G. Helmick) 소장, 주한미군사령관 쿨터((John B. Coulter) 소장, 외무부장관 장택상, 주한미대사 무초(John Muccio), 국무총리 이범석, 내무부장관 윤치영, 드럼라이트(Drumright) 자문위원. 그들은 대한민국 정부에 서명하고 있다.(1948. 9. 11 촬영)

* 해제: '대한민국 정부 및 미국 정부 간의 재정 및 재산에 관한 최초 협정' 체결 장면. 미군정 당국은 자신들이 관리했던 재정 및 재산 일체를 대한민국 정부 수립과 동시에 대한민국 정부에 이양한다는 내용이다. 이 협정의 체결로 미국으로부터의 권력 이양이 마무리 되었다. 사진의 날짜는 9월 12일로 기재되어 있으나 실제 협정 체결일은 1948년 9월 11일이다.

XXIV-48-3999

298

(PLEASE CREDIT   SEOUL, KOREA
US ARMY SIGNAL   18 SEPT 48
CORBS PHOTO)   PHOTOG; CRAMER
XXIV-48-3999   123D PHOTO DET
HONOR GUARD STANDS AT PARADE
REST DURNING FUNERAL CEREMONIES
HELD FOR MEMBERS OF THE ARMED
FORCES WHO PERISHED IN TRAIN
WRECK NEAR TAEJON, KOREA. FUNERAL
SERVICES WERE HELD AT THE 31ST
INF DIV PARADE GROUND.

Funerals

RELEASED FOR PUBLICATION
PUBLIC INFORMATION DIVISION
WAR DEPARTMENT, WASHINGTON

16955

#SC 308839

대전 인근 기차 사고로 순직한 미군 장병 장례식 모습

대전 인근에서 기차 사고로 순직한 미군 장병들의 장례식 중 열중쉬어 자세로 도열한 의장
대. 장례식은 제31보병연대 연병장에서 거행되었다. (1948. 9. 18 촬영)

XXIV-48-4014

300

SC 308840

(PLEASE CREDIT   SEOUL, KOREA
US ARMY SIGNAL   18 SEPT 48
CORPS PHOTO)   PHOTOG; CRAMER
XXIV-48-4014   123D PHOTO DET
DR. SYNGMAN RHEE, PRESIDENT REPUBLIC
OF KOREA PLACES LAUREL WREETH ON CAS-
KET OF MEMBER OF THEM ARMED FORCES WHO
PERISHED IN THAIN WRECK NEAR TAEJON,
KOREA. FUNERAL CEREMONIES WERE HELD
AT 31ST INF DIV PARADE GROUND.

Funerals

16955

RELEASED FOR PUBLICATION
PUBLIC INFORMATION DIVISION
WAR DEPARTMENT, WASHINGTON

#SC 308840

대전 인근 기차 사고로 순직한 미군 장병을 위해 헌화하는 이승만 박사

한국 대통령 이승만 박사가 대전 인근에서 기차 사고로 순직한 미군 장병의 관 앞에서 헌화하고 있다. 장례식은 제31보병연대 연병장에서 거행되었다. (1948. 9. 18 촬영)

se. 335818

18176

(PLEASE CREDIT   SEOUL, KOREA
US ARMY SIGNAL   18 SEPT, 1948
CORPS PHOTO)   PHOTOG; LUCAS
XXIV-48-4015   123D SIG DET
        TROOPS OF THE 31ST. INFANTRY
REGT. PRESENT ARMS AS THEY PAY THEIR
LAST RESPECTS TO THEIR COMRADES WHO
WERE KILLED IN THE DISASTROUS TRAIN
WRECK WHICH OCCURED NEAR TAEJON, KOREA
ON THE NOGHT OF 14 SEPT, 1948. THE
MEMORIAL SERVICES WERE HELD AT THE
31ST INFANTRY COMPOUND, AND WERE ATTEN
DED BY SUCH DIGNITARIES AS MAJ. GEN.
JOHN COULTER, PRES. SYNGMAN RHEE AND
OTHER HIGH OFFICIALS FROM THE AMERICAN
FORCES AND THE KOREAN GOVERNMENT.

RELEASED FOR PUBLICATION

#SC 335818
대전 인근 기차 사고로 순직한 미군 장병 장례식
1948년 9월 14일 대전 인근 기차 사고로 순직한 장병들을 기리는 추도식에서의 제31보병연
대(1948. 9. 18 촬영, 국사편찬위원회 소장)

XXIV-48-3986

304

```
SC 308841

(PLEASE CREDIT        SEOUL,KOREA
US ARMY SIGNAL        18 SEPT 48
CORPS PHOTO)          PHOTOG; STEVENS
XXIV-48-3985          123 SIG PHOTO DET
MAJ. GEN. JOHN B. COULTER,
COMMANDING GENERAL, USAFIK, ADDRESSING
A THRONG OF MILITARY AND CIVILIAN
PERSONAL AT THE MEMORIAL SERVICES
HELD AT THE 31ST INF REG, 7TH DIV.
COMPOND. SERVICES WERE IN HONOR OF THE
MILITARY PERSONAL KILLED IN THE
DISASTERIOUS TRAIN WRECK NEAR TEAJON,
KOREA, SEPT. 14, 1948.
```

Military Ceremonies - Korea - 1948

RELEASED FOR PUBLICATION
PUBLIC INFORMATION DIVISION
WAR DEPARTMENT WASHINGTON
16955

#SC 308841

대전 인근 기차 사고로 순직한 미군 장병 장례식에서 연설하는 주한미군사령관 쿨터 소장
제7보병사단 31보병연대 주둔지에서 열린 추도식에서 군인과 민간인들 앞에서 연설 중인
주한미군사령관 쿨터(J. B. Coulter) 소장.
추도식은 1948년 9월 14일 대전 부근에서 발생한 참혹한 기차 사고로 순직한 미군 장병들
을 기리기 위한 것이었다.(1948. 9. 18 촬영)

SC 308849

(PLEASE CREDIT
US ARMY SIGNAL
  CORPS PHOTO)
XXIV-48-4056
AERIAL VIEW OF SEOUL RAILROAD YARDS,
(UPPER CENTER) AND HANG GANG RIVER,
LOWER CENTER.

SEOUL, KOREA
24 SEPT 48
PHOTOG: C RAMER
123D PHOTO DET

RELEASED FOR PUBLICATION
PUBLIC INFORMATION DIVISION
WAR DEPARTMENT WASHINGTON
16955

#SC 308849
공중에서 본 용산역과 한강 일대
서울 철도조차장(상단 중앙)과 한강(중앙 하단)의 항공 전경.
(1948. 9. 24 촬영)

308

sc 308850

(PLEASE CREDIT   SEOUL, KOREA
US ARMY SIGNAL   24 SEPT 48
CORPS PHOTO)   PHOTOG; CRAMER
XXIV-48-4079   123D PHOTO DET
AERIAL VIEW OF 7TH INF DIV. HQS
BUILDING.

RELEASED FOR PUBLICATION
PUBLIC INFORMATION DIVISION
16955
WAR DEPARTMENT, WASHINGTON

#SC 308850

공중에서 본 제7보병사단사령부

미군 제7보병사단사령부 건물의 항공 전경.(1948. 9. 24 촬영)

* 해제: 중앙 보이는 '⊐'자형의 2층 건물은 일제 때 조선군사령부(제17방면군사령부 제1청사)였다. 주한 미군 철수 후 대한민국 국방부 및 육군본부 청사로 다시 이용되다가 한국전쟁 때 소실되었다.

XXIV-48-4073

310

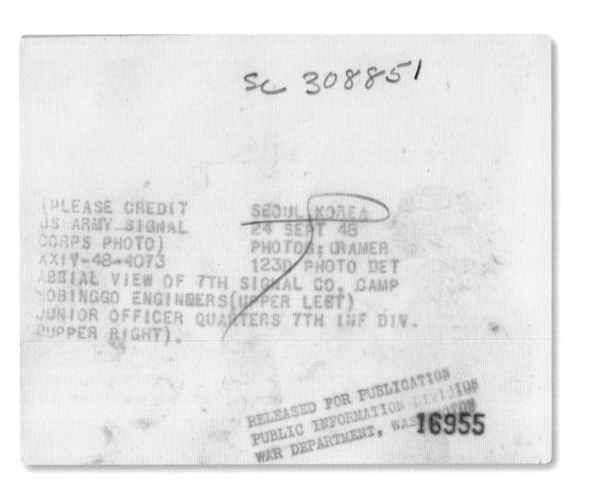

SC 308851

공중에서 본 미군 제7보병사단 통신 및 시설공병대 일대

미군 제7통신중대, 캠프 서빙고 시설공병대(좌측 상단), 제7보병사단 위관장교 숙소(우측 상단) 항공 전경.(1948. 9. 24 촬영)

* 해제 : 위관장교 숙소(우측 상단)는 일제강점기 때 용산의 총독관저로 사용되었다.

XXIV-48-4071

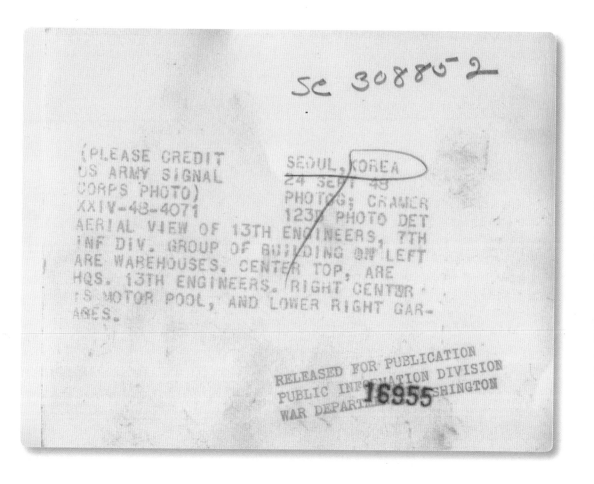

#SC 308852

공중에서 본 미군 제7보병사단 13공병대 전경

미군 제7보병사단 제13공병대 전경. 왼쪽의 건물군은 창고, 중앙 상단은 제13공병대 본부. 중앙 우측은 수송반 그리고 우측 하단은 차고. (1948. 9. 24 촬영)

* 해제 : 일본군이 패전하기 직전에 이곳에 일본군 제210공병 보충대가 주둔하였다. 미군정기 이후에는 육군 독립기갑연대가 들어섰던 곳이다. 한국전쟁 이후 이곳에는 미군의 임대주택 숙소인 한남빌리지가 있었고, 지금은 나인원 한남 아파트가 들어섰다 .

314

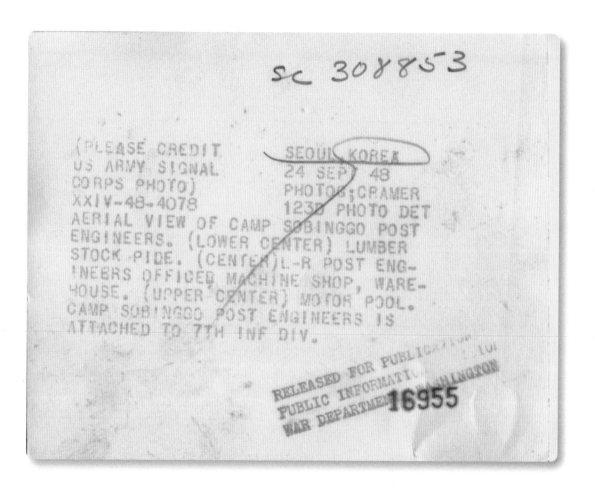

SC 308853

(PLEASE CREDIT
US ARMY SIGNAL
CORPS PHOTO)
XXIV-48-4078
AERIAL VIEW OF CAMP SOBINGGO POST
ENGINEERS. (LOWER CENTER) LUMBER
STOCK PIDE. (CENTER)L-R POST ENG-
INEERS OFFICES MACHINE SHOP, WARE-
HOUSE. (UPPER CENTER) MOTOR POOL.
CAMP SOBINGGO POST ENGINEERS IS
ATTACHED TO 7TH INF DIV.

SEOUL KOREA
24 SEP 48
PHOTOG:CRAMER
123D PHOTO DET

RELEASED FOR PUBLICATION
PUBLIC INFORMATION
WAR DEPARTMENT WASHINGTON
16955

#SC 308853

공중에서 본 시설공병대

캠프 서빙고 시설공병대 항공 전경. 쌓아둔 목재(중앙 하단), 왼쪽에서 오른쪽으로 시설공병대 장교 기계고, 창고. 수송반(중앙 상단). 캠프 서빙고 시설공병대는 미군 제7보병사단에 배속. (1948. 9. 24 촬영)

* 해제 : 현 국립중앙박물관 옆 용산미군기지 13번 게이트 일대다.

XXIV-48-4072

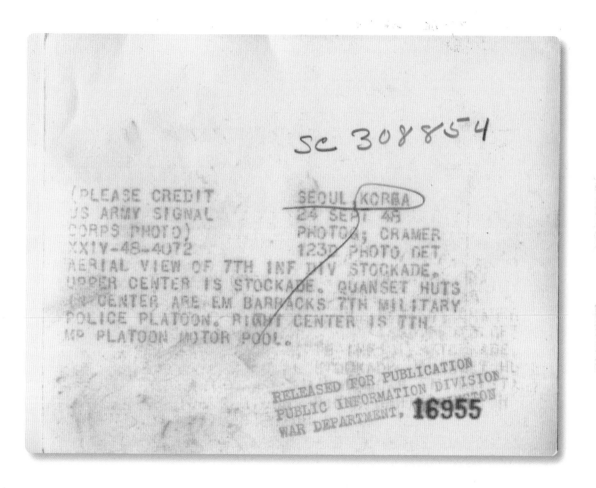

SC 308854

공중에서 본 미군 제7보병사단 구금소와 헌병대 숙소 및 수송반

미군 제7보병사단 구금소 항공전경. 중앙의 퀀셋 막사는 제7보병사단 헌병 소대의 사병 숙소다. 우측 중앙은 제7보병사단 헌병 소대 수송반.

(1948. 9. 24 촬영)

 * 해제 : 구금소는 일본군 용산위수감옥으로 사용되었다. 현재도 담장과 일부 건물들이 그대로 남아있다. 이곳에는 의병장 장군의 아들 김두한, 김구 암살범 안두희, 시인 김수영 등이 한 때 수감되었다 .

XXIV-48-4080

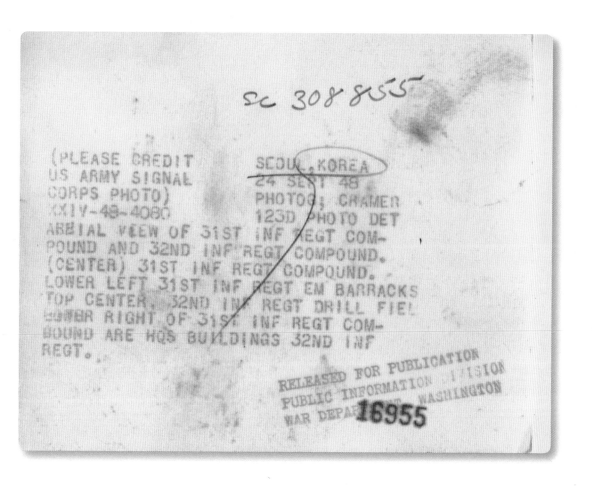

#SC 308855

공중에서 본 미군 제7보병사단 31, 32보병연대 주둔지

미군 제31보병연대 및 제32보병연대 주둔지 항공 전경. 좌측 하단은 제31보병연대 사병 막사. 중앙 상단은 제32보병연대 연병장. 제31보병연대의 우측 하단은 제32보병연대 본부 건물. (1948. 9. 24 촬영)

* 해제 : 현 용산 삼각지와 전쟁기념관 일대다.

XXIV-48-4055

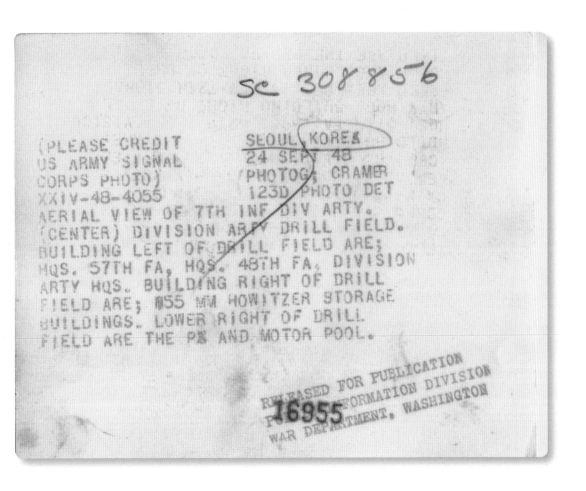

#SC 308856

공중에서 본 미군 제7보병사단 포병대

미군 제7보병사단 포병대 항공전경. 사단포병대 연병장(중앙). 연병장 왼쪽 건물은 제57야포대대 본부 및 제48야포대대 본부. 연병장 오른쪽 건물은 155미리 견인포 보관창고. 연병장 우측 하단은 PX와 수송반.(1948. 9. 24 촬영)

* 해제 : 사진 상단에 보이는 산은 서울 남산이다. 운동장이 보이는 곳은 오늘날 용산미군기지 캠프코이너이고, 그 앞쪽이 남영동이다. 캠프코이너 너머 좌측에 오늘날 용산중고교의 건물이 보인다.

XXIV-48-4154

#SC 309924

제31야전포병대대 입구

(1948. 9. 24 촬영)

324

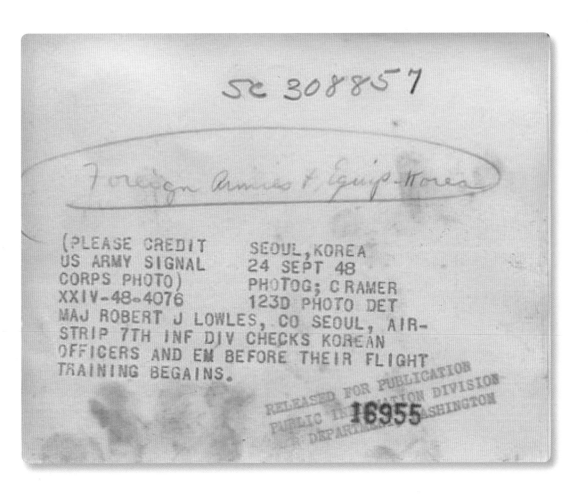

SC 308857

Foreign Armies & Equip-Korea

(PLEASE CREDIT　　　SEOUL, KOREA
US ARMY SIGNAL　　 24 SEPT 48
CORPS PHOTO)　　　 PHOTOG; CRAMER
XXIV-48-4076　　　 123D PHOTO DET
MAJ ROBERT J LOWLES, CO SEOUL, AIR-
STRIP 7TH INF DIV CHECKS KOREAN
OFFICERS AND EM BEFORE THEIR FLIGHT
TRAINING BEGAINS.

RELEASED FOR PUBLICATION
PUBLIC INFORMATION DIVISION
16955 WAR DEPARTMENT WASHINGTON

#SC 308857

여의도 비행장에서 비행 훈련 점검을 받고있는 한국군

서울 미군 제7보병사단 항공대 활주로에서 소령 Robert J Lowles가 비행 훈련 시작 전 한국
군 장교 및 사병들을 점검하고 있다.(1948. 9. 24촬영)

* 해제 : 제7보병사단 항공대 활주로는 여의도 비행장을 말한다 .

325

XXIV-48-4062

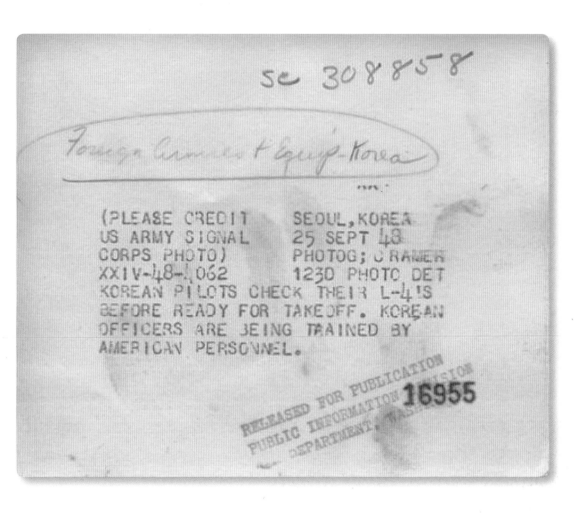

SC 308858

여의도 비행장에서 훈련 중인 한국군

한국인 파일럿들이 이륙 전 L-4 연락기를 점검 중이다. 미국인들이 한국 장교들을 훈련시키고 있다.(1948. 9. 24 촬영)

 * 해제 : 대한민국 공군의 전신인 육군항공대는 정부 수립 직후인 1948년 9월 13일 미육군이 제2차 세계대전 중 사용하던 2인승 연락용 경항공기를 인수하였다. L-4 연락기는 한국 공군이 보유한 최초의 항공기로 도입 당시, 백범 김구의 아들 김신은 미공군의 별마크가 있는 것을 보고 태극기를 칠했는데 그것이 한국 공군 마크의 시초였다. 한국 공군은 2005년까지 이 마크를 사용하였다.

#SC 309933

미군 제7보병사단 모래시계 클럽

미군 제7보병사단 모래시계(Hourglass) 클럽의 외부 전경.(1948. 10. 5 촬영)

* 해제 : 제7 보병사단의 모래시계 클럽은 원래 일본군 장교클럽인 해행사가 있었던 곳이다. 건물은 6.25 전쟁 때 파괴되었다. 현재 이곳에는 미육군 커뮤니티 센터(Army Community Center)가 들어서 있다.

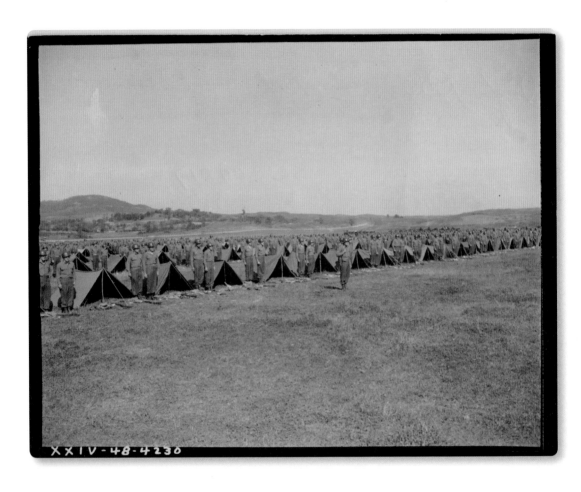

XXIV-48-4230

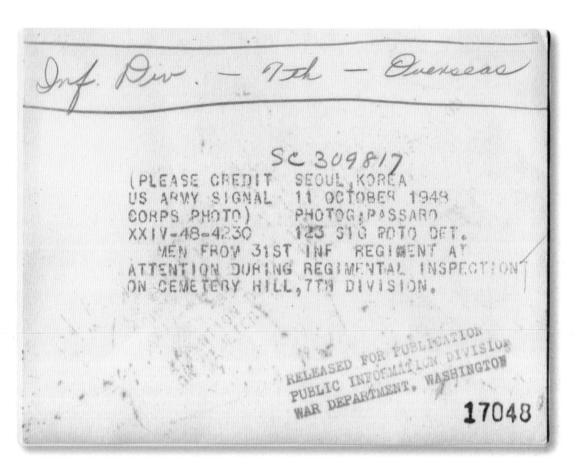

SC 309817

미군 제7보병사단 연대 사열간 도열한 제31보병연대 장병들

미군 제7보병사단 공동묘지언덕(cemetery hill)에서 연대 사열간 도열한 제31보병연대 장병들.
(1948. 10. 11 촬영)

　* 해제: 여기서 말하는 공동묘지 언덕은 일제강점기 용산연병장 일대로 현재는 국립중앙박물관과 용산가족공원이 들어서 있다. 장병들 너머 보이는 언덕은 용산미군기지 내 둔지산이며, 그 아래 왼쪽에서 오른쪽으로 뻗어난 도로를 현재 주한미군은 제10군단(X Corps) 도로라고 이름 붙였다 .

XXIV-48-4232

armored force - Tanks +
Vehicles - M-18

SC 309818

(PLEASE CREDIT   SEOUL, KOREA
US ARMY SIGNAL   11 OCTOBER 1948
CORPS PHOTO)   PHOTOG:PASSARO
XXIV-48-4232   123 SIG PHOTO DET.
M-18 XXXXXXXXXXXXXXXXXXXXXXXXXXXX
XXXXXX M-18 TANKS DURING REGIMENTAL
FIELD INSPECTION ON CEMETERY HILL,
SEVENTH DIVISION.

TANKs ARE M-4 3A E-8

RELEASED FOR PUBLICATION
PUBLIC INFORMATION DIVISION
WAR DEPARTMENT, WASHINGTON

17048

#SC 309818

미군 제7보병사단 연대 사열간 도열한 M-18 탱크들

미군 제7보병사단 공동묘지언덕(cemetery hill)에서 연대사열간 도열한 M-18 탱크들.
(1948. 10. 11 촬영)

* 해제 : 여기서의 공동묘지 언덕은 지금의 국립중앙박물관과 용산가족공원 일대다.

334

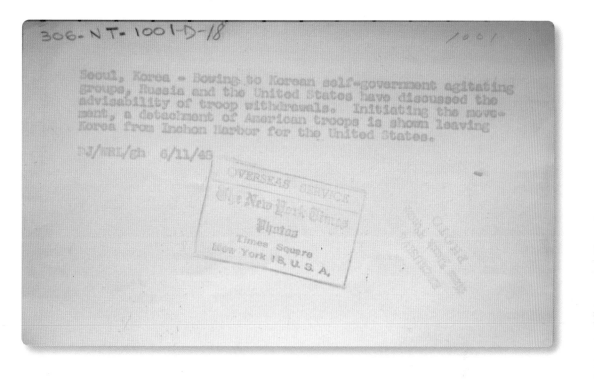

306-NT-1001-D-18   1001

Seoul, Korea - Bowing to Korean self-government agitating groups, Russia and the United States have discussed the advisability of troop withdrawals. Initiating the movement, a detachment of American troops is shown leaving Korea from Inchon Harbor for the United States.

PJ/WRL/gh 6/11/48

OVERSEAS SERVICE
The New York Times
Photos
Times Square
New York 18, U.S.A.

#RG306-NT-1001D-18

한국 서울 - 한국 자치 정부의 소요 단체에 고개를 숙이며, 러시아와 미국은 철군 권고에 대해 논의해왔다. 이동을 시작하는 가운데, 미군 파견대가 미국을 향해 인천항에서 떠나고 있는 것이 보인다.(1948. 11. 6 촬영, 국사편찬위원회 소장)

SC-312674

FEC-48-9434   19 NOV 48

4Ø4TH ORD. BATTALION, SEOUL, KOREA:

M/SGT FLOYD WILKERSON, 4Ø4TH ORD.
BATTALION, EXPLAINS TO KOREAN SOLDIERS
ABOUT THE FUNCTIONING OF THE JEEP
ENGINE.

PHOTOGRAPH BY U.S. ARMY SIGNAL CORPS.

17151

RELEASED FOR PUBLICATION
PUBLIC INFORMATION DIVISION
WAR DEPARTMENT, WASHINGTON

SC 312674

한국군에게 지프 차량 엔진 기능을 설명하는 미군 상사

제404 병기대대 소속 Floyd Wilkerson 상사가 지프 차량 엔진 기능을 한국군 장병들에게 설명하고 있다.(1948. 11. 19 촬영, 국사편찬위원회 소장)

* 해제 : 여기서의 제404 병기대대는 현 용산기지 캠프킴(Camp Kim) 구역이다. 장병들 너머 보이는 철길은 경부선(남영역) 철길이다.

18141   SC-334580

KOREAN ARMY FIELD ARTILLERY
SEOUL, KOREA
19 JULY 1949
KMAG-49-055   PHOTOG: BROWN
KMAG (PHOTO)
TROOPS OF THE KOREAN ARMY FIELD
ARTILLERY PREPARE FOR AN INSPECTION
BY MEMBERS OF THE U.S. MILITARY
ADVISORY GROUP TO THE REPUBLIC OF
KOREA THAT ARE ASSIGNED TO AREA
THE KOREAN ARMY FIELD ARTILLERY

No objection to publication
on grounds of military security
2 2 DEC 1949
Office of Public Information
Department of Defense
(Signal Corps 1)

#SC 334580

주한미군사고문단의 한국군 포병대 육성과 점검 준비

한국 육군 야전포병들이 미군사고문단 (KMAG) 소속 요원에게 점검을 받기 위해 준비 중이다.(1949. 7. 19 촬영, 국사편찬위원회 소장)

*해제: 주한미군사고문단은 1949년 6월 30일자로 주한미군사령부의 업무가 끝남에 따라 7월 1일 설립되었다. 이후 몇 차례 변화를 거쳐 1971년 4월 1일 주한미 합동군사원조단(JUSMAG-K:Joint United States Military Assistance Group-Korea)으로 재편되었다.

18141 SC-334581

KOREAN ARMY FIELD ARTILLERY
SEOUL, KOREA
19 JULY 1949
KMAG-49-060①   PHOTOG: BROWN
KMAG (PHOTO)
CAPT GEORGE H. MC FARLAND, DUNCAN,
OKLA., WATCHES THE FIRING PROCEDURE
OF A GUN CREW AT FIRING PROBLEMS
HELD BY THE KOREAN ARMY FIELD ART-
ILLERY. CAPT MC FARLAND A MEM-
BER OF THE U.S. MILITARY ADVISORY
GROUP TO THE REPUBLIC OF KORE...

No objection to publication
on grounds of military security
2 DEC 1948
Office of Public Information
Department of Defense
(Signal Corps 1)

#SC334581

주한미군사고문단의 한국군 포병대 육성과 사격 훈련

대위 맥팔랜드(George H. Mcfarland)가 한국 육군 야전포병들이 사격하는 모습을 지켜보고 있다.

맥팔랜드 대위는 주한미군사고문단(KMAG)소속 요원이다.(1949. 7. 19 촬영, 국사편찬위원회 소장)

*해제: 주한미군사고문단은 1949년 6월 30일자로 주한미군사령부의 업무가 끝남에 따라 7월 1일 설립되었다. 이후 몇 차례 변화를 거쳐 1971년 4월 1일 주한미 합동군사원조단(JUSMAG-K:Joint United States Military Assistance Group-Korea)으로 재편되었다.

제III부

캠프서빙고의
도면과 지도

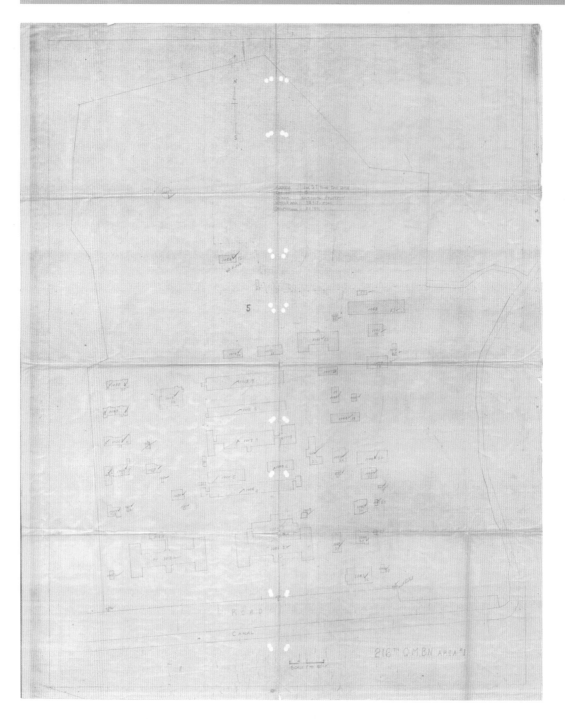

#216 QM BN DEPENDENT HOUSING

1946년경 216 병참대대 구역 #1(p360쪽 지도의 216th QM BN AREA 1 구역)

*해제: 이 배치도를 통해 미군정기인 1946년경 미 제216 병참대대가 전체 39,313평 규모의 부지에 21,150평 규모로 병참부대와 각종 부속 시설들을 설치하려 했음을 알 수 있다. 이 지역은 원래 일제강점기 용산위수병원 및 일본군 장교관사로 사용되었던 구역이다. 현재는 용산미군기지 메인포스트 구역으로 주한미합동군사업무단(JUSMAG-K)과 옛 미군클리닉 시설들이 들어 서 있다.

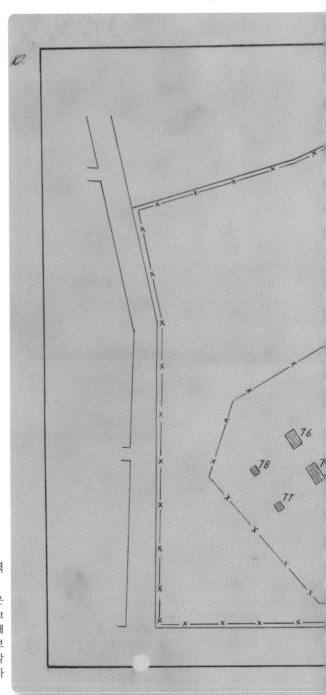

#216 QM BN AREA #1_20180419

1947년 11월 25일 작성 제216 병참대대 가족숙사 구역
(앞 지도의 216th QM BN AREA 1a 구역)

*해제: 이 배치도를 통해 미군정기인 1947년경 주한미군은
14,762평의 부지에 미 제216 병참대대 가족숙사(Dependent
Housing)를 배치하고자 했음을 알 수 있다. 해방과 동시에
미군이 촬영한 1945년 9월 4일자 사진을 자세히 비교해보
면, 일제시기 일본군 숙사를 재활용해 사용하려했음을 알
수 있다. 현재도 주한미군은 이 일대를 미군사병 숙소로 사
용 중이다.

346

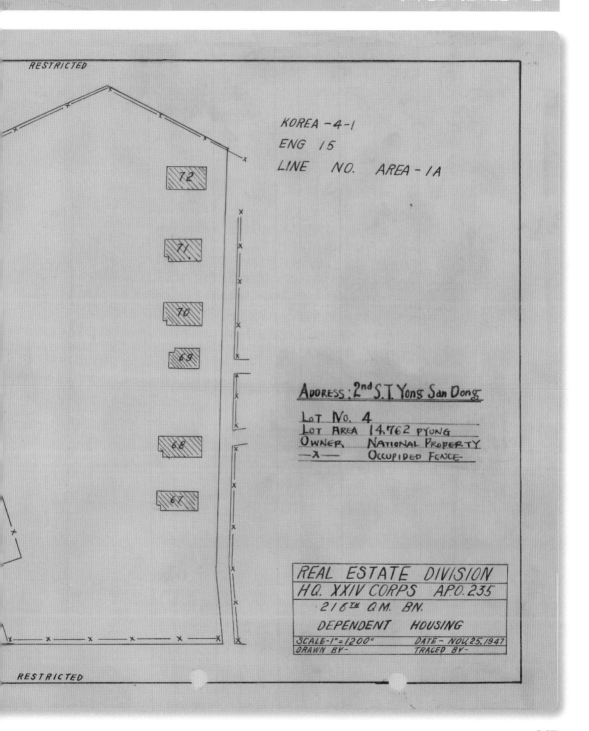

RESTRICTED

72

71

70

69

68

67

KOREA - 4 - 1

ENG 15

LINE   NO.   AREA - 1A

ADDRESS: 2nd S.T. Yong San Dong

LOT NO. 4
LOT AREA 14.762 PYONG
OWNER   NATIONAL PROPERTY
—x—   OCCUPIDED FENCE

REAL ESTATE DIVISION
H.Q. XXIV CORPS   A.P.O. 235
·216ᵀᴴ Q.M. BN.
DEPENDENT   HOUSING
SCALE-1"=1200"   DATE- NOV. 25, 1947
DRAWN BY-   TRACED BY-

RESTRICTED

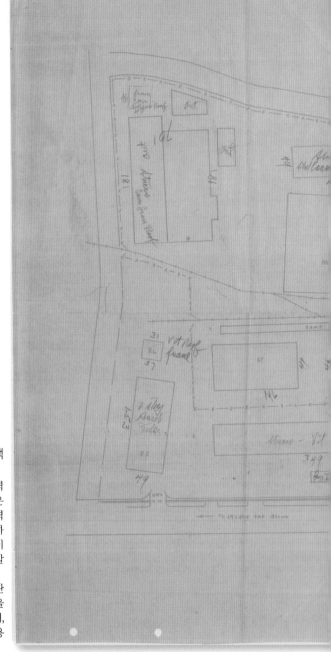

1946~47년 서울 제404 병기 구역(앞 지도의 빨간색
번호 170 구역)

*해제: 배치도는 미군정기인 1946~47년경 제404병기 구역
일대로 현재의 용산기지 캠프 킴 구역을 가리킨다. 이곳은
일본군 시절 '조선육군창고' 부지로 사용되었으며, 용산역
에서 분기한 지선이 연결되어 있어 군수 보급물자를 보관하
고 저장하는 역할을 했던 곳이다. 배치도는 미군정기에 이
곳을 제404병기(404th Ordnance) 부대가 사용했음을 말
해준다.

주한미군이 철수한 이후인 1949년, 이곳은 주한 미사절단
(AMIK)이 사용하였다. 2018년 11월~2020년 12월까지 서울
특별시가 임시소통공간인 용산공원 갤러리로 사용했으며,
한국정부는 평택으로 미군기지를 이전하는데 필요한 비용
을 조달하기 위해 매각하여 고밀도로 개발할 예정이다.

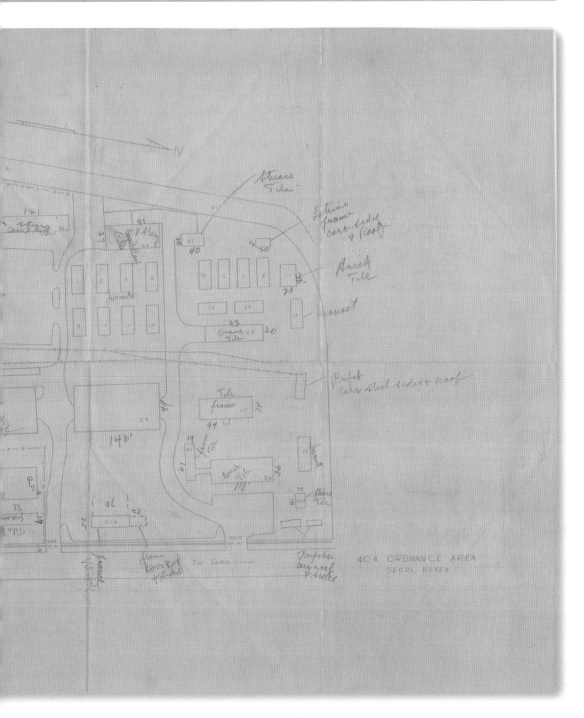

404 ORDNANCE AREA
SEOUL, KOREA

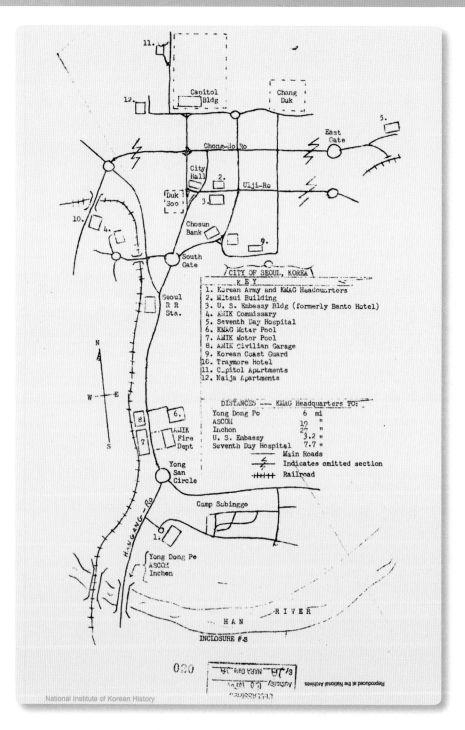

CITY OF SEOUL, KOREA
K E Y
1. Korean Army and KMAG Headquarters
2. Mitsui Building
3. U. S. Embassy Bldg (formerly Banto Hotel)
4. AMIK Commissary
5. Seventh Day Hospital
6. KMAG Motor Pool
7. AMIK Motor Pool
8. AMIK Civilian Garage
9. Korean Coast Guard
10. Traymore Hotel
11. Capitol Apartments
12. Naija Apartments

DISTANCES --- KMAG Headquarters TO:
Yong Dong Po   6 mi
ASCOM   19   "
Inchon   27   "
U. S. Embassy   3.2 "
Seventh Day Hospital   7.7 "
——————— Main Roads
Indicates omitted section
++++++ Railroad

INCLOSURE #3

CITY OF SEOUL, KOREA(한국 서울)
KEY(주요 장소)
1. Korean Army and KMAG Headquarters: 한국 육군본부 및 미군사고문단 본부
2. Mitsui Building: 미츠이 건물
3. U.S Embassy Bldg(formerly Banto Hotel): 미대사관 건물(구 반도호텔)
4. AMIK Commissary: 주한 미국사절단 식료품점
5. Seventh Day Hospital: 제칠일(안식일) 병원
6. KMAG Motor Pool: 미군사고문단 수송반
7. AMIK Motor Pool: 주한 미국사절단 수송반
8. AMIK Civilian Garage: 주한 미국사절단 민간인 차고
9. Korean Coast Guard: 한국 해안경비대
10. Traymore Hotel: 트레이모어 호텔
11. Capitol Apartments: 수도 아파트
12. Naija Apartments: 내자 아파트

DISTANCES --- KMAG Headquarters To : 미군사고문단 본부로부터의 거리
Yong Dong Po 6mi : 영등포까지 6마일
ASCOM 19mi : 부평 군수지원사령부까지 19마일
Inchon 27mi : 인천까지 27마일
U.S. Embassy 3.2mi : 미대사관까지 3.2 마일
Seventh Day Hospital 7.7mi : 제7일(안식일) 병원까지 7.7마일

Main Roads : 간선 도로
Indicates omitted section : 제외 구간을 표시
Railroad : 철도

서울시 스케치와 영등포, 군수지원사령부, 인천까지의 노선과 거리 표시(Sketch of the City of Seoul and Indicates Route and Mileage to Young Dong Po, Ascom and Inchon)

351

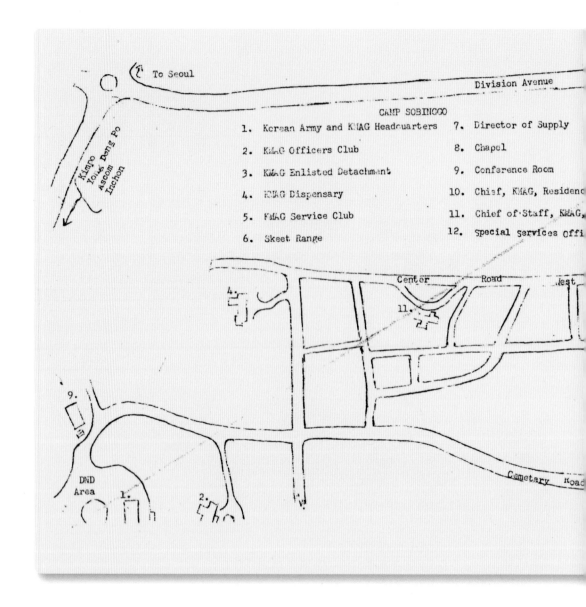

CAMP SOBINGGO

1. Korean Army and KMAG Headquarters   7. Director of Supply
2. KMAG Officers Club   8. Chapel
3. KMAG Enlisted Detachment   9. Conference Room
4. KMAG Dispensary   10. Chief, KMAG, Residenc
5. KMAG Service Club   11. Chief of Staff, KMAG,
6. Skeet Range   12. Special Services Offi

To Seoul

Division Avenue

Kimpo
Young Dong Po
Ascom
Inchon

Center   Road   West

Cemetary Road

DND Area

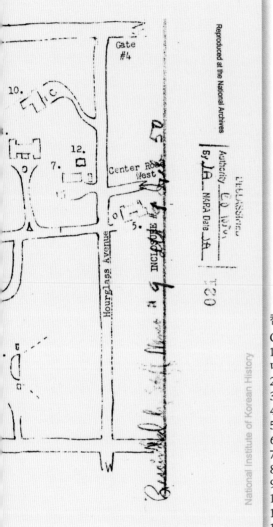

캠프 서빙고 구역 스케치(Sketches of Camp Seobinggo Area)

CAMP SOBINGGO(캠프 서빙고)
1. Korean Army and KMAG Headquarters(대한민국 육군 및 미군사고문단 본부)
2. KMAG Officers Club(미군사고문단 장교 클럽)
3. KMAG Enlisted Club(미군사고문단 사병 클럽)
4. KMAG Dispensary(미군사고문단 의무실)
5. KMAG Service Club(미군사고문단 서비스 클럽)
6. Skeet Range(스키트 사격장)
7. Director of Supply(보급처)
8. Chapel(예배당)
9. Conference Room(회의실)
10. Chief, KMAG, Residence(미군사고문단장 관저)
11. Chief of Staff, KMAG, Residence(미군사고문단 참모장 관사)
12. Special Services Office(특수근무 사무실)

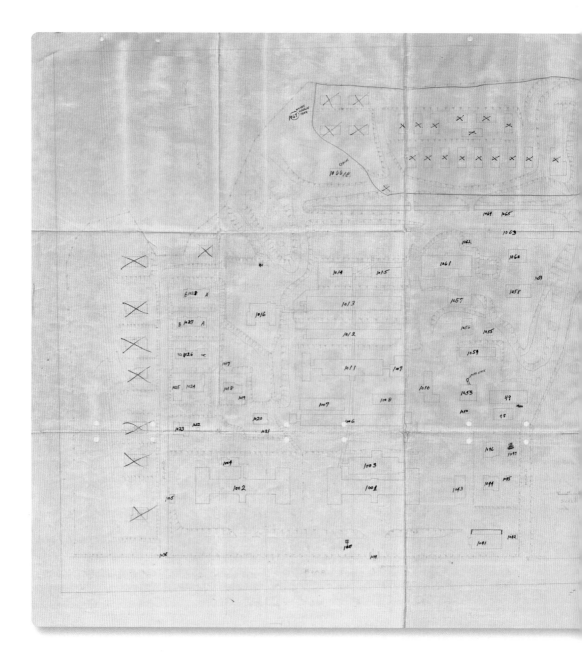

건물 번호	용도	건물 번호	용도
1001	BN. HQ.(대대 본부)	1041	EM CLUB(사병 클럽)
1002	BARRACKS(막사)	1042	PUMP(펌프)
1003	MESSHALL(식당)	1043	WAREHOUSE FOR MESSHALL(식당용 창고)
1004	WASHROOM(세면실)	1044	OFFICERS QUARTERS(장교 숙소)
1005	LATRINE(화장실)	1045	LATRINE KOREAN(한국인용 화장실)
1006-7	EMPTY HOUSE(빈 집)	1046	QUARTERS(숙소)
1008	QUARTERS(숙소)	1047	BOILER SHED(보일러실)
1009	DISPENSARY(의무실)	1048	JAPANESE LAUNDRY(일본인 세탁소)
1010	CARPENTER SHOP(목공소)	1049	BATTALION SUPPLY OFFICE(대대 보급 사무실)
1011	EMPTY HOUSE(빈 집)	1050	LATRINE(화장실)
1012-13-15	WAREHOUSE(창고)	1053	BOILER HOUSE(보일러실)
1014	142nd VET(142 수의실)	1054	REPAIR SHOP(수리실)
1016	SERVICE CLUB(서비스 클럽)	1055	STORAGE(저장고)
1017	UTILITY SHED(다용도 창고)	1056	STORAGE(저장고)
1018	OFFICERS QUARTERS(장교 숙소)	1057	EMPTY(비어있음)
1019	BOILER SHED(보일러실)	1058	STORAGE(저장고)
1020	OFFICERS QUARTERS(장교 숙소)	1059	STORAGE(저장고)
1021	LATRINE(화장실)	1060	CHAPEL(예배당)
1022	BOILER SHED(보일러실)	1061	STORAGE FOR C？E (저장고)
1023	OFFICERS QTRS(장교 숙소)	1062	LATRINE(화장실)
1024	OFFICERS MESS(장교 식당)	1063	C？E CLASSIFICATION
1025	OFFICERS CLUB(장교 클럽)	1064-65	SHED(작업장)
1026-27-28	QUARTERS(숙소)	1066	OFFICERS QTRS(장교 숙소)
1037	FLAG POLE(깃대)	1067	TANK, WATER STORAGE, STEEL(물저장 탱크, 강철)
1038-39-40	GUARD BOX(초소)		

?ᵗʰ BASE DEPOT(제? 기지창)
594ᵗʰ DEPOT SUPPLY(제594 창 보급)
142ⁿᵈ VET, DET.(제142 수의 파견대)
391ˢᵗ REF, DET.(제391 난민 파견대)
105ᵗʰ LDRY, DET.(제105 세탁 파견대)
106ᵗʰ LDRY, DET.(제106 세탁 파견대)
513ᵗʰ LDRY, DET.(제513 세탁 파견대)
516ᵗʰ LDRY, DET.(제516 세탁 파견대)
517ᵗʰ LDRY, DET.(제517 세탁 파견대)
537ᵗʰ SALES, DET.(제537 판매 파견대)
576ᵗʰ HQ, SERV, DET.(제576 본부 근무 파견대)
107ᵗʰ GRAVES REG, DET.(제107 영현 등록 파견대)

#216 QM BN AREA #1_20180419

1946년경 216 병참대대 구역 #1(앞 지도의 216th QM BN AREA 1 구역)

*해제: 이 배치도를 통해 일본군 위수병원(OLD JAP HOSP) 구역 내 건물들을 재활용하여 제7보병사단 예하 제216 병참대대가 들어섰음을 알 수 있다. 지도 오른쪽 범례에는 각 건물번호와 용도 그리고 일부 병참 부대의 명칭들이 나와있다. 독자들의 편의를 위해 각 건물(번호)에 용도를 영어와 함께 한글로 표시했고, 오늘날까지 현존하고 있는 건물은 붉은색 글씨로 강조 표기했다.